KAREL MACHALA

# FLÜCHTLINGSKRISE IM 8. SICHEREN LAND

## Dreizehn alternativlose Erklärungen

*So sprachen die Wortzauberer Europas: „Solidarität ist Zwang, Grenzschutz ist Einreise ohne Dokumente, Rettung ist Schleppen, Liebe ist Gewalt, und Bereicherung ist Last, die man verteilen muss, sonst…!" Neusprech, wo du blickst, Orwell muss sich im Grab drehen.*

Was Sie z. B. drinnen finden:

**Was ist der wirkliche Grund der unfassbaren Flüchtlingspolitik? Oder sind es mehrere? Moral? Leider nicht, und Sie werden sehen, warum. Rechtspflicht? Europäische Werte? Unser Wohlstand? Ideologie? Korruption? Kriege? Euro-Rettung? EU-Umvolkung? Geopolitik? Globalisierung? Deutschlands Image? Mangel an Arbeitskräften? Pensionspolitik? Versagen der Politiker?**

Warum gibt es die Flüchtlingskrise in der EU? Gibt es mehr Kriege als je zuvor? Sind die Menschen in Afrika und Asien jetzt ärmer als vor zwanzig Jahren? Die Antwort auf beide Fragen ist eindeutig NEIN. Es gibt mehrere Faktoren und Ursachen, die in diesem Buch diskutiert werden. Sie entscheiden selbst, welche tieferliegenden Gründe am wahrscheinlichsten sind.

Eine andere Frage ist, was unmittelbar dazu beiträgt und das sind die PULL-Faktoren. Die wirken von innen der EU. Jemand drinnen hat wahrscheinlich Interesse, Menschen einzuführen. Sonst gäbe es diese eindeutige PULL-Kombination nicht:

**offene Grenzen + großzügige Leistungen + Mittelmeertaxis**

OHNE DIESE *3 MAGNETE* GÄBE ES KEINE EU-FLÜCHTLINGSKRISE *in diesem Ausmaß,* UNGEACHTET ALLER TIEFEREN URSACHEN.
*WIRKSAM HELFEN* KANN MAN DURCH EINWANDERUNG IN DAS 8. SICHERE LAND NICHT. ES GIBT JEDOCH ANDERE WEGE, UM MÖGLICHST VIELEN LEIDENDEN ZU HELFEN.

Dieses Buch widme ich allen, die sich und ihren Nachfahren
wünschen, in einem freien, friedlichen, prosperierenden und
sicheren Land zu leben, <u>ohne</u> Zensur, Kriege, Religionszwang,
Migrationszwang, politischen Zwang und Politikeralleingang,
Enteignung und unfreundlich gesinnte parallele Gesellschaften.

# INHALT

Vorwort und offener Brief:

# Liebes Deutschland, was ist mit Dir passiert?

*Liebes Deutschland,*
ich grüße Dich recht herzlich aus dem besorgten Nachbarland.
Egal ob gewollt von Dir oder nicht, Faktum ist: ***Du bist die
dominierende Großmacht inmitten Europas.*** (Sie sind es auch,
Herr Otto Normalbürger. Und auch ihr, Silke, Kerstin, Robert,
Birgit, Andreas, Helmut, Steffi und Frank.)
Nicht nur Deine Politiker, die Du jammernd oder jubelnd
wählst. Sie sind Deine Delegierten, Angestellten, nicht Deine
Obrigkeit, die im Alleingang oder Gruppengang
gesetzbrechend handeln darf. Und auch nicht meine
Obrigkeit, obwohl sie diese – von mir ungewählt – auch ab
und zu und sogar mehr und mehr zu spielen versuchen.

## ZWEIERLEI DANKBARKEIT

Wir in „Resteuropa" können zweimal dankbar sein gegenüber Deine Eliten und EU-Westeuropa allgemein. Erstens dafür, dass ihre fähigeren Vorgänger wie z. B. Ludwig Erhard zeigten, wie man Prosperität schafft, nämlich durch Sicherheit, Freiheit, Fleißigkeit, Bildung, Frieden und Demokratie.
Und zweitens können wir auch den heutigen Eliten dankbar sein, wegen der perfekten Abschreckungsbeispiele, die wir jetzt von den Eliten an Westeuropa angeordnet sehen, und die wir hoffentlich nicht begehen werden.

Ich habe **dieses Buch** mit **13 Erklärungen der Flüchtlingspolitik im 8. sicheren Land** für Dich geschrieben, da wir in demselben Haus Europa nebeneinander und miteinander leben, verknüpft durch gemeinsame Vorfahren, Freundschaften, Geschichte und Gegenwart. Mit einem gemeinsamen Markt, mit zusammenwachsender Wirtschaft, mit einer offenen inneren Grenze, Wertegemeinschaft und mit vielen, ja sogar **zu vielen gemeinsamen Gesetzen.**

Diese kommen zur Welt immer weniger verständlich, demokratisch und transparent aus dem Feder der ungewählten Kommissaren im Einklang mit Lobbyisten und – noch schlimmer - ohne vorherige öffentliche Diskussion (*„Brüsseler Gesetzsprossen"*).

Sie sind so zahlreich und umfangreich, dass nicht einmal ein Jurist alle lesen kann. *Unkenntnis der Gesetze schützt vor Strafe nicht, Kenntnis ist jedoch nicht mehr möglich.* Das war sogar bei dem Hammurapi nicht so! Ein weiterer Grund, warum wir in Europa *„in de pekkel zitten"*, wie es die Niederländer sagen würden. *Wir sitzen in Pickles.* Daher auch manchmal etwas sauer. Das sieht man, wenn man durch Europa reist und wenn man vergleicht, wie es noch vor 15 Jahren (anders) aussah.

## ZWEIFEL UND GESETZBRÜCHE

Lange habe ich geglaubt, es ist richtig, dass wir zusammenwachsen. In den letzten Jahren habe ich jedoch *etwas mehr Zweifel. Reformen der EU sind dringend nötig*, sonst zerfällt alles, auf unsere Köpfe Trümmer abwerfend. Schlimm genug: Kein wirklicher Reformer in Sicht.

Die Eliten spielen dieses Spiel: *Augen zu und weitermachen.* Institutionell schwacheingestellter Euro da, Schuldengemeinschaft herum, unfassbare Flüchtlingspolitik dort, Außengrenzen löchrig, Zensurgesetz hier, Gesetze und Vereinbarungen gebrochen, Doppelmoral. Absicht oder Fehler? Das wird nicht funktionieren. Nicht mit mir, und hoffentlich nicht mit Dir.

Ich sehe und höre Verschiedenes. Können wir noch unseren Augen und Ohren glauben, was sich da abspielt? Siehst Du und hörst Du das auch?

*So sprachen die Wortzauberer Europas: „Solidarität ist Zwang, Grenzschutz ist Einreise ohne Dokumente, Rettung ist Schleppen, Liebe ist Gewalt, und Bereicherung ist Last, die man verteilen muss, sonst...!"* Neusprech wo du blickst, Orwell muss sich im Grab drehen.

## SOLIDARITÄT UND SICHERHEIT

Übrigens, **Solidarität – die ist bei einer Naturkatastrophe selbstverständlich, menschlich.** Ist sie zu erwarten bei politischen gesetzbrechenden Alleingangentscheidungen, die mit den Nachbarn und sogar mit eigenem Parlament nie konsultiert waren?

Trotzdem hören wir immer wieder von Deinen Eliten und aus Brüssel Klagen über mangelnde Solidarität im EU-Osten. **Wir hören fakenewsartige Klagen darüber, dass der EU-Osten keinen Flüchtlingen helfen will.**

Polen hat fast 1 Million Flüchtlinge und Migranten aus der Ukraine aufgenommen, Tschechien Einhunderttausend, Zehntausende Vietnamesen dazu. Diese Menschen sind gut integriert und arbeiten, wir haben sie gerne. Sie begehen keine Terrorakte, keine Messerstechereien. Faktum ist auch, dass die in Deutschland aufgenommenen Flüchtlinge drei oder mehr Jahre nach ihrer Einkunft meistens nicht arbeiten, da sie großzügige Sozialleistungen bekommen. Das ist der Hauptgrund, warum weitere Millionen kommen wollen. Deutschland hat eher zusätzliche junge Rentner eingeführt und fordert das jetzt auch von uns.

**Sicherheit schwindet langsam.** Nicht bei uns in Mittelosteuropa, es ist immer noch gut hier. Komm nach Prag, Budapest, Warschau oder Bratislava – Frauen können alleine im Park joggen, wir haben keine durchschnittlichen 3 Messerstechereien pro Tag, keine Betonblöcke in den Straßen, immer noch sehr sehr gut, aber wie lange noch bei der Brüsseler Agenda Nr. 1?

**ENTLASSEN WEGEN ANSICHTEN, WIE IN 1 DIKTATUR**
Sicherheit schwindet dort, wo wir einst **Vorbilder sahen**. Brennende Autos in Frankreich, Belgien und Schweden sind nicht selten, im letztgenannten Staat werden Professoren **wegen politischer Ansichten entlassen**, und auch Deine Massenmedien befassen sich oft mit **Ostrakisierung andersdenkender Politiker, die die Multikulti-Agenda der „neuen SED" nicht teilen**.
Vielleicht ist der Begriff „neue SED" etwas übertrieben, die Ostrakisierung politisch unbequemer Menschen ist jedoch nicht mehr zu weit von der in der einstigen DDR. Ehrlich gesagt, ich würde diese Entwicklung noch vor 10 Jahren nicht für möglich gehalten.

**Empfindliche Zonen** (alias No-Go-Zonen) mehren sich, also die Stadtteile, wo sich die Polizei nicht traut, unbewaffnet zu gehen. Obwohl ohne Sicherheit keine zukünftige Prosperität und Frieden möglich sind, die Wortzauberer Europas arbeiten genau in der Richtung, die diese Sicherheit schwächt. **Antisemitismus ist wieder da:** 40 000 Juden sind aus Frankreich in den Jahren 2006-16 ausgewandert, wegen Sicherheit. Es werden wieder Juden getötet, nur weil sie jüdischer Abstammung sind. Beides passiert nicht wegen der letzten Einwanderungswelle, sondern nach gescheiterter Integration zu vieler Nordafrikaner, deren Familien bereits lange in Frankreich leben, manchmal sogar nach drei Generationen ohne wirkliche Integration.

**Die Multikulti-Politiker können nicht sagen:** Schaut mal, **ihr Ost-EU-Angsthasen, wir haben es geschafft im Westen mit der Integration,** ihr habt nichts zu fürchten. Stattdessen hören wir nur: Ihr musst dasselbe tun, sonst… Ex-Präsident Frankreichs Chirac hat das mal prägnant ausgedrückt: „**Ihr habt die Möglichkeit verpasst, zu schweigen"** und diese Arroganz war damals selten. Jetzt nicht mehr. **Alle sind in der EU gleichgestellt, nur einige sind etwas gleichgestellter** (Paraphrase eines Witzes aus der kommunistischen Zeit). Vielleicht der Grund, warum der EU-Kommissionspräsident Juncker nach Trier reiste, um feierlich eine **Marx-Statue** einzuweihen. Mindestens wissen wir, wo die ungeschriebenen Werte der jetzigen EU liegen, im Widerspruch zu den geschriebenen.

Parallelgesellschaften wachsen im Westen der EU wie Pilze nach einem kräftigen Regen, trotzdem **gibt es die Magnete weiter,** die **DREIKOMBINATION der PULL-Faktoren:** neben der <u>großzügigen Sozialleistungen für Nichtbürger</u> auch die <u>NGO-Mittelmeertaxis</u> (teils von uns allen mitfinanziert) und <u>offene Außengrenze</u> (mal mehr, mal weniger) für viele, die nach Europa wollen, ohne Kontrolle, wer da durchkommt. Diese Politik scheint eher ein böser Traum zu sein, **der Osten wird zu etwas gezwungen, was man im Westen langfristig nicht geschafft hat.** Die große Frage **WARUM** hängt überall in der Luft, aber niemand von den Eliten antwortet aufrichtig. Daher meine *13 alternativlosen Erklärungen in diesem Buch.*

## WIR MÜSSEN ZUSAMMENHALTEN

Wir müssen trotzdem zusammenhalten: wegen Friedenserhaltung, Demokratie, Prosperität, Freiheit und der europäischen Kultur, die uns hoffentlich beiden lieb ist. **Auch die deutsche Kultur.** Übrigens, ich habe **deutsche Vorfahren von den Urstämmen bis ins 19. Jahrhundert. Sie sind in mir und sie wollen nicht, dass die deutsche Kultur untergeht,** ersetzt von einer anderen oder was auch immer. Ausgelöschte Kreuze an Verpackungen und neutrale Umbenennung von Weihnachtsmärkten sind nur einige Beispiele einer verwirrten Multikulti-Ideologie.

**Umvolkung?** Die Politiker verneinen sie als Unsinn: Wieso Umvolkung, wenn nur 2 Millionen neue Einwanderer auf 500 Millionen EU-Bürger entfallen. Nicht einmal 0,5 %. Das muss Europa doch verkraften. Wir sollten jedoch andere Zahlen vergleichen. 2015-16 kamen rund *2,5 Mio. durch Einwanderung* und in denselben zwei Jahren wurden *5 Mio. Menschen in EU-Europa geboren,* davon Teil in Familien mit Migrationshintergrund.

Der französische Volkswirtschaftler Charles Gave sagt voraus,
dass Frankreich **mehrheitlich muslimisch in 2057** sein wird,
**und zwar ohne weitere Einwanderung** (Quelle: Gatestone).
Mit dieser wird das Umkippen noch schneller kommen.

Wir können nicht mehr sagen: **„Das bei dem Nachbarn geht
uns nichts an".** Spätestens seitdem wir aufgefordert werden,
das oder jenes mitzumachen, sonst... Schwierig zu verneinen,
dass da etwas schief läuft. Gerade deswegen habe ich Sorgen
um Dich und uns. Und da ich Dich gern habe, liebes
Deutschland, möchte ich Dich als Nachbarn so, wie Du bist,
nicht verlieren. Bleib uns allen erhalten, bitte.

**ANTWORT AUF DIE FRAGE: WARUM?**
Dieses Buch für Dich schrieb ich in einem Nachdenkprozess.
Ich verfolgte mit Besorgnis, was sich da vor Deinen und
meinen Augen abspielt und – ehrlich gesagt – es war beim
logischen Denken alles nur schwierig zu fassen. Ich bin
gewöhnt zu analysieren – was geschieht und wohin das führt,
welche Gründe gibt es dafür, dass dies geschieht, und wie
man alles besser machen könnte.

Und da ich einsah, dass die Situation in eine **gefährliche
Richtung in Europa** geht, konnte ich nicht mehr schweigen.
Das große **WARUM** hat mich dazu geführt, alle möglichen
und unmöglichen Ursachen zu analysieren, um das **WARUM**
besser zu verstehen.

Nehme es mir nicht übel – was Deine PolitikerInnen machen,
hat Einfluss auf mich und meine Familie und Mitbürger, da
auch bei uns die ganze Politszene umgeformt wurde (in die
andere Richtung als von deinen Eliten gewollt, jedoch klar in
Folge der Merkel-Politik).

**Kennst du das Prinzip des Pendels?** Je mehr man etwas zuviel auf die eine Seite schiebt, desto mehr wird sich das von eigener Kraft auf die andere Seite bewegen, manchmal unangenehm zuviel. Nur naive Menschen wollen dieses Prinzip nicht verstehen.

Die EU-Häuptlinge wollen das nicht sehen, mindestens nicht öffentlich. Was steckt dahinter? Naiv sind sie wahrscheinlich nicht.

## 13 WAHRSCHEINLICHSTEN GRÜNDE

Ich möchte Dir diese Analyse jetzt vorlegen. **Sie besteht aus DREIZEHN ALTERNATIV(LOS)EN GRÜNDEN der unfassbaren Flüchtlingspolitik. Ich habe ein nach dem anderen analysiert, um zu sehen, WARUM alles so war, wie es war. Du wirst selber sehen und entscheiden, welche am wahrscheinlichsten klingen.**

Wenn man Ursachen sieht, kann man die schieflaufende Richtung vielleicht besser berichtigen, das, was uns lieb ist, zu retten: Deutschland, Mitteleuropa, Europa, die Welt – auch mit Verbesserungen der Hilfe, die man unseren fernstehenden genetischen Verwandten (alle sind wir Verwandte) aus der ganzen Welt anbieten kann, ohne Millionen Menschen einzuführen, was sowieso nicht funktionieren kann.

A propos... Wir sollten doch auch den Menschen außer Europa helfen, nicht wahr? Daher wählte ich das Zitat oben, was der US-Präsident gesagt hat und was (Zufall?) einmal in den deutschen Lücken-Massenmedien ohne Übersetzung blieb.

Noch lange vor Trump habe ich etwas Ähnliches in einer deutschen Zeitung in einer Diskussion selbst geschrieben.

Ungefähr so: **Man kann vielmals mehr wirklichen Flüchtlingen im 1. sicheren Land helfen mit demselben Geld, dass für einen eingewanderten Flüchtling in Deutschland ausgegeben wird.** Mein Kommentar (ohne Hetze, Hass oder sonstwas Unschönes) wurde gelöscht, und seitdem glaube ich an politische Zensur in Deiner einst so freien Medienlandschaft. Erst dann kam das Maas-Gesetz, das dies nur bestätigte.

Es ist nie spät, eine schlechte Politik zu berichtigen. In einer Demokratie geht das und wir können das zusammen in Europa schaffen. **<u>Wir schaffen das nur anders als bisher.</u> Wir müssen das schaffen, da unsere Kinder hier noch lange leben werden und wir können ihre Welt nicht unsicherer machen. Wir haben kein Recht dazu.**

**Noch einmal im Zusammenhang: <u>Unsere Kinder werden hier noch lange leben, die meisten Spitzen-Politiker der EU-Länder haben jedoch keine Kinder - die Interessen der Familien sind nicht genug vertreten. Anders ausgedrückt, in Politik der Staaten/EU sind faktisch vor allem die Familien diskriminiert</u> und nicht alle anderen, für die jetzt von der progressiven Linke so viele Antidiskriminierungsgesetze erdacht werden. Denken wir darüber nach.**
**KAREL MACHALA**
Dein Freund, Nachbar, genealogischer Vetter, Buchautor, Journalist und Übersetzer aus Tschechien

WIR SCHAFFEN DAS? WIR SCHAFFEN DAS?
SCHAFFEN DAS WIR! SCHAFFEN WIR, SCHAFFEN! WIR
SCHAFFEN DAS?
WIR SCHAFFEN DAS? DAS SCHAFFEN WIR? SCHAFFEN
WIR DAS JE?
DAS SCHAFFEN WIR.
WIR, JA WIR SCHAFFEN DIES NUN.

GRUND 1:
# MORAL, ODER EHER NICHT

*Ist Moral wirklich ein guter Grund für diese seltsame Flüchtlingspolitik und Masseneinwanderung nach Europa? Können wirklich humanitäre Gründe dahinterstecken? Oder ist das nur eine Blase, die unter Druck der Argumente nicht lange halten kann und schnell platzt? Ist diese Politik überhaupt moral oder hat sie ganz im Gegenteil sehr unmoralische Konsequenzen und Zusammenhänge? Gibt es eine moralische Alternative?*

In Deutschland denken einige von den Eliten, mindestens offiziel, dass die Flüchtlingspolitik vor allem wegen Moralgründen alternativlos war und ist. Der kollektive Gutmensch denkt ungefähr so:

Wir müssen doch helfen. Wir sind Menschen mit Herz. Wir können dem Leiden nicht zusehen. Wir haben unsere Grenzen geöffnet und das war **alternativlos, gut, menschlich, human, im Einklang mit den europäischen Werten**. Anders geht das nicht, sonst wären wir Egoisten. Wir haben gezeigt, was der richtige Weg ist. Wir sind stolz darauf.

## Erzwungene Solidarität

Und wir sind sogar so stolz darauf, dass wir uns nicht davor scheuen, zu dieser *Solidarität* auch andere EU-Staaten zu zwingen. <u>Solidarität</u> und <u>Zwingen</u> passen zwar so wenig zusammen wie <u>Liebe</u> und <u>Gewalt</u>, aber... Wenn etwas gut, menschlich, human und alternativlos ist, dann machen doch alle freiwillig mit, oder?

Auch wenn diese Politik ethischen Goldstandard repräsentieren würde, passt da etwas nicht zusammen. **Freiwillige Pflicht** oder **erzwungene Solidarität**, das ist unglaubwürdig, ganz im Einklang mit Orwell's 1984 oder mit der tagtäglichen Praxis der kommunistischen Regierungen. Jean-Claude Juncker, das Kopf der EU-Kommission, fühlt und sagt richtig, was Solidarität wirklich ist (siehe Zitat oben), seine Kommission agiert trotzdem dagegen. Ist dieser Monsieur eine Inkarnation des bekannten Stammhäuplings „Zwei Gesichter" (Lakota: „Anúng Ité"), der die Bleichgesichter somit nur beruhigen will?

Dies ist nur eine der Hauptursachen, warum die Menschen vor allem in Ost-EU und in Ostdeutschland etwas schneller verstanden haben, dass da *etwas* schiefläuft und dass da *etwas* den Menschen eingeredet wird.
Die Menschen im Osten haben eine kürzere Erfahrung mit Prosperität, jedoch eindeutig eine längere mit Manipulation. Sie riechen Manipulation sogesagt von Ferne. Und sie haben jetzt einige Zeit auch etwas freieren Meinungsaustausch in bunteren Medien und dulden weniger Zensur/Selbstzensur.

## Ethischer Goldstandard oder unmoralisch?

Das Problem: das oben beschriebene Bild, das die Eliten überall in Köpfe der Menschen einpflanzen wollen (teils erfolgreich), widerspricht der Realität auf vielen Ebenen einschließlich die Moralebene. Diese Politik ist nämlich **kontraproduktiv und in vielen Hinsichten unmoralisch.** Wir werden bald zeigen, warum. **Zahlen sprechen eine klare Sprache.**

Obwohl dieses Bild falsch und realitätsfern ist, viele in Deutschland glauben Einiges davon, weil es ihnen tagtäglich so vorgetragen wird. Viele sind einfach nicht gut informiert. Was leider mit dem Stand der deutschen Mainstream-Medien zu tun hat (mit der sogenannten Lückenpresse).

Also: Übergehen wir in medias res. Zahlen sind dabei sehr wichtig, man kann sie schwierig wegargumentieren.

## Kriegsflüchtlinge oder Wirtschaftsmigranten

Man muss den Menschen, denen Tod droht und die vor dem Krieg fliehen, oder die verfolgt werden, natürlich helfen (eine andere Frage, die wir später beantworten wollen, ist: WO dies am besten geschehen soll, um diese Hilfe zu maximalisieren). Auch der französische Präsident Macron gibt jedoch zu, dass die meisten ankommenden Flüchtlinge Wirtschaftsmigranten sind (*80 % sagt er* und dabei untertreibt er wahrscheinlich). Er ist ein Freund der Willkommenskultur, er würde da nicht übertreiben, falls es nicht stimmen würde. Andere geben realistischere Zahlen an: *95 % oder noch mehr.* Und zwar vom Anfang an, seit Jahren.

Damit ist der Argument, dass Deutschland/Europa vor allem Kriegsflüchtlingen hilft, total erledigt. Massenmedien können dies tausendmal so oder so umdrehen, der Flüchtlingsstrom hat vor allem wirtschaftlichen Hintergrund und ist nicht vorwiegend über Kriege (siehe Kapitel Kriege). Die Menschen im Osten der EU wissen das und wählen mit dieser Kenntnis im Auge.

## Das Moralargument und weitere Zahlen

Bereits im Höhepunkt der Krise im Herbst 2015 hat *die ungarische Polizei 104 Länder,* aus denen die Migranten über die Balkanroute kommen, *gezählt.* Das sagt alles über angebliche Rettung vor dem Krieg. **E I N H U N D E R T V I E R.** *1 0 4.* **104.** Länder. Wetten, dass… dies in der Lückenpresse nie berichtet wurde.

Das hundertmal wiederholte Märchen für die Massen ist weg – Blase geplatzt. Es ging und geht um etwas anderes, überwiegend. Dies wussten die Menschen in Ungarn, Polen, in der Slowakei oder in Tschechien, viele Deutsche oder Schweden wussten das jedoch nicht, ihre Massenmedien haben es ihnen verschwiegen. Oder konnten es ihnen nicht sagen.

Obwohl es überwiegend nicht um Kriegsflüchtlinge ging und geht: Ist es trotzdem nicht moral, die Menschen bei sich aufzunehmen, auch *aus 104 Ländern der Welt,* weil diese arm sind und zu Hause eigentlich leiden?

Leben in vielen Ländern der Welt ist – und das ist unbestritten – *voll Leiden im Vergleich zu Europa.* Es gibt rund *3 Milliarden Menschen,* die mit weniger als **2 US Dollar pro Tag** auskommen müssen. Diesen Menschen soll geholfen werden, obwohl sie keine Kriegsflüchtlinge sind. Und auch keine Flüchtlinge. Diese Menschen haben kein Geld übrig für Schlepper oder lange Reisen und all die Gutmenschen vergessen sie. Wollen sie sich also nur als Gutmenschen vorzeigen oder geht es da wirklich um Hilfe? Falls ja, diesen Ärmsten müsse zuerst geholfen werden.

## Geht das durch Einwanderung nach Europa?

Geht das durch Immigration oder muss man das anders tun? Ganz klar und ohne Zweifel: *Nein, durch Einwanderung geht das nicht,* wie überzeugend von Roy Beck bewiesen.

Roy Beck, ein US-Autor, der sich mit Immigration beschäftigt, hat das klar in seinem Youtube video mit farbigen Kugeln gezeigt *(Immigration, World Poverty and Gumballs)*. Ich empfehle dieses Video jedem, dem das Leiden dieser ärmsten Menschen wirklich am Herzen liegt, und auch den Menschen, die nur die Masseneinwanderung stört. Aus beiden Sichtweisen ist die Masseneinwanderung eine falsche Methode, die das Leiden nicht beseitigen kann, ja sogar umgekehrt: das Leiden wird damit gestärkt. Das Video ist auf Englisch, deswegen folgt eine kurze Zusammenfassung in der deutschen Sprache.

**<u>Zahlen sind wichtig in dieser Diskussion</u>**, da sie den Moralargument der Eliten in die Luft sprengen. Sie beweisen, dass die Flüchtlingspolitik unethisch ist und geändert werden muss. Hier die Zahlen dazu:
Auch wenn wir *eine Million Menschen jedes Jahr nach Europa aufnehmen*, sogar *zwei oder fünf Millionen jedes Jahr*, wir schaffen zwar ganz viele Probleme in Europa, aber – auch rein <u>statisch</u> gesehen - das Leiden in den wirtschaftlich armen Ländern nimmt von 99,99 % nicht ab.

## Wieso man durch Migration den Armen nicht helfen kann...

Eine mathematische Frage: wieviel ist 3 Milliarden minus 1 Million? Wir beseitigen vielleicht ein *Dreitausendstel des Problems* dort und verschärfen die Probleme hier. Statisch gesehen und vorausgesetzt, wir nehmen wirklich die Ärmsten (was nicht der Fall ist), würde uns die Hilfe den Ärmsten 3000 Jahre dauern. Wirklich?
**Nein, noch schlimmer:** Diese statische Mathematik rechnet nicht damit, dass Menschen Kinder haben und dass Menschen sterben.

**Dynamisch gesehen ist alles noch viel schlimmer.** Bei den 3 Milliarden, die weniger als 2 US Dollar pro Tag zur Verfügung haben, kommen jedes Jahr **80 Millionen neue Menschen dazu, Kinder eingerechnet und Gestorbene abgerechnet.** Jedes Jahr!
Wenn nur eine Million jedes Jahr in Europa aufgenommen wird, heißt das, dass in den armen Staaten *die leidende Population um 79 statt 80 Millionen <u>anwächst</u>* und dass wir gar nichts dort gelöst haben, wobei wir in Europa sehr große Probleme schaffen.

**Es ist jedoch noch viel schlimmer**, wie Roy Beck auch sehr gut argumentiert. Wir nehmen natürlich nicht die Ärmsten (fast keinen von diesen 3 Milliarden!), nicht die schwächsten Menschen, die am meisten leiden und am wenigsten verdienen. Wir nehmen die, die etwas mehr Geld haben, um den Schlepper zu bezahlen. Die Schwächsten haben da keine Chance, kein Geld, keine Mobilität und niemand hilft ihnen wirklich. Diese Selektion ist sehr unmoralisch. Wir sollten etwas tun vor allem für die Schwächsten, nicht wahr? (siehe das Kapitel <u>Unser Wohlstand</u>).

## ...wobei wir den Ärmsten Schaden anrichten

**Und es ist leider noch viel viel schlimmer. Wir kommen dazu, was den Moralargument der Willkommenskultur total zerbricht.** Irreparabel.
Wir kommen endlich zu dem Argument, dass wir den Schwächsten und Ärmsten mit der Flüchtlingspolitik sehr viel Schaden anrichten, dass wir ihnen die Situation durch Migration ihrer Landsleute noch weiter erschweren. Kein schlechter Scherz: Wenn wir nichts gemacht hätten, wäre die Situation der Ärmsten besser!

**Die dynamischsten, jüngsten und relativ gebildeten Menschen gehen weg. Europa stimuliert das und saugt diese Menschen ab, und diesen Ländern bleiben die Schwächsten.** Dies sollte sich jeder Willkommensmensch mehrmals wiederholen.

Am Ende leiden die ärmsten Milliarden Menschen mehr, als wenn es keine Migration gäbe, keine Unterstützung/Stimulierung der Migration aus Europa, keine wartenden Schiffe bei der lybischen Küste, also keine „Mittelmeertaxis", und keine faktische Unterstützung der Schlepperkultur seitens der Regierungen und NGOs.
Die Schlepper werden zwar mit Worten bekämpft. In Realität half man ihnen jedoch und machte man sie reicher, wobei man Anreize geschafft hat, weitere Menschen zu schleppen und neue Wege zu finden. **Magnete wirken:** offene Grenzen PLUS großzügige Gelder und Leistungen PLUS Mittelmeertaxis und Willkommenskultur. Was anderes könnte überhaupt jemand erwarten, als das, was wir hatten und teils noch haben? Einen Strom nach Europa. Nicht die Flüchtlinge können dafür, die Magnetaufsteller sind verantwortlich.

**Zusammengerechnet: Die Willkommenskultur füttert die Schlepperkultur und die Schlepperkultur saugt Gelder und die fähigsten und leistungsfähigsten Menschen diesen 3 Milliarden der Ärmsten ab. Meiner Meinung nach ist die Moral hier tief im Minus, wir vernichten mehr bei den Ärmsten als wir verbessern bei den etwas reicheren Geschlepperten.**

Und das ist immer noch nicht alles. Mit einer de facto Unterstützung der Schlepper, die gegen Gesetze agieren und damit verdienen, schaffen wir eine immer stärkere kriminelle Struktur.

Wir senden die Nachricht, dass es sich lohnt, kriminell und gegen Gesetze zu agieren und das genau dies Europa faktisch (Worte beiseite) belohnt. Diese neuen Reichen aus dem Schlepperbusiness werden früher oder später zu neuen Eliten einiger Länder Afrikas/Asiens, anders als durch *Fleißigkeit*, anders als durch *Unternehmertätigkeit im legalen Bereich*, anders als durch *Arbeit*, anders als durch *Bildung*. **Anders als in Deutschland unter Ludwig Erhard.**

Wir schaffen damit falsche Strukturen und stärken ein extraktives System, das diese Länder länger am Boden halten wird, und wir bremsen damit die Kräfte, die diese Länder wirtschaftlich nach oben treiben könnten.

## Sind die Menschen dort verloren?

Jetzt ist hoffentlich klar, dass man diesen Menschen durch Migration nicht hilft und das die Einwanderung dabei die schlimmste und sogar kontraproduktivste Methode ist. Falls die politischen Eliten im Westen Europas Zusammenhänge endlich sehen könnten, müssten sie zu denselben Fakten kommen und diese Politik um 180 Grad umdrehen. Das geschieht bereits in einigen Ländern, wie z. B. in Österreich und Italien.

Sind die Menschen dort in Afrika/Asien verloren? Oder kann man ihnen anders helfen, und zwar nicht 0,0+ % von ihnen, sondern zum Beispiel 10, 30 oder sogar 50 % dieser Menschen und mit einiger Zeit dann allen? Doch. Das ist machbar und ich beschreibe das weiter in diesem Buch (im Kapitel <u>Unser Wohlstand</u>).

Was bei diesem oft benutzen Moralargument so *faszinierend traurig* ist, dass die Eliten und Politiker nicht imstande sind, die unethischen Konsequenzen ihres Handelns abzusehen, falls sie wirklich dem Moralargument glauben. Schließlich, einige Politiker können auch rechnen. Vielleicht glauben sie das gar nicht und der wahre Grund liegt woanders (in anderen Kapiteln zu finden).

## Keine Obergrenz'= keine Kompetenz

Auch wenn das oben gesagte nicht gelten würde (was leider
nicht der Fall ist), sie sind auch nicht imstande zu sagen, dass
die Aufnahmekapazität Europas nicht unlimitiert ist.
Keine Obergrenze? Keine Obergrenze – konsequent und nicht
oberflächlich gemeint – heißt nur eines: Wenn auf jeden
Europäer 10 neue Bewohner ankommen, muss dieser
Europäer seine Einkommen und Eigentum (Einkommen
werden früher oder später nicht ausreichen) mit diesen
Menschen teilen.
Nur so ist **Solidarität ohne Obergrenze** möglich, falls zuviele
kommen. Keine Obergrenze heißt, dass zuviele kommen
können und großzügige Unterstützung lockt genau dazu, dass
immer mehr kommen wollen. Die Menschen außerhalb
Europas sind nicht dumm – wenn sich etwas umsonst
anbietet, warum würden sie sich das nicht nehmen?

Kann „keine Obergrenze" wirklich jemand ernst meinen? Die
wird sich so oder so durchsetzen, und dann was? Wir haben
stolz scheingeholfen, die Ärmsten sind uns nicht wichtig? Wir
haben unethisch selektiert: die etwas reicheren, die jüngeren,
die Schlepperklienten, die, die als erste gekommen sind, und
Schluss. Das muss doch jeder nachdenklichere Mensch sehen,
dass die Einwanderung nicht unendlich ohne Konsequenzen
in Europa weitergehen kann.

**Und noch schlimmer:** oft haben wir ohne Kontrolle die
angenommen, die die westliche Kultur, Freiheit und
Demokratie aufgrund ihrer religionsbezogenen Ideologie
hassen, statt denen zu helfen, die sie gerne völlig akzeptieren
würden. Wir haben dabei unser Recht gebogen (oje, das hat
auch Folgen) und unsere Meinungsfreiheit und Demokratie
beschädigt (und das hat auch Folgen).

Ist so eine Selektion richtig? Ist sie gut für Ihre Wähler, liebe Politiker, oder repräsentieren Sie jemanden anderen? Oder machen wir weiter und weiter und weiter, auch wenn 1 Milliarde Flüchtlinge nach Europa kommen will? **Genau das heißt nämlich der Begriff keine Obergrenze.**

Selbst diese Fragen stellen sich die Eliten öffentlich nicht, als ob sie nicht imstande wären, darüber nachzudenken, wenn sie schon das Argument nicht verstehen können, dass diese Politik eigentlich einen großen Schaden dort und hier anrichtet.

## Durch Hilfe zum Tod Tausender beigetragen
**Und das ist immer noch nicht alles auf der ethisch dunklen Seite dieser Politik.**

Es ertranken viele Menschen im Mittelmeer. Wer kann dafür? Die extraktiven Politiker und Systeme in den armen Ländern vor allem, die die Armut schaffen und beibehalten. Die westlichen Politiker, die an diese extraktiven Politiker Afrikas oder Asiens bei weitem nicht so starke Worte und Taten richten, die sie den EU-Schwesterstaaten zu Unrecht zu richten wagen. All die, die zwar Zäune gegen illegale Immigration scharf (und selektiv in Ungarn und nicht etwa in Spanien – Ceuta und Melilla) kritisieren, die EU-Handelsmauer jedoch befürworten.

Wo es kein freier Austausch der Waren gibt, kommen dann manchmal die Menschen, und manche davon ertrinken – nicht wegen Zäune in Ungarn, sondern u. a. wegen der EU-Zollmauer.

Nicht zuletzt kommen und ertrinken mehr Menschen wegen falscher Einwanderungspolitik, wegen der Willkommenskultur, wegen finanzieller und multikultureller Anreize, wegen existierender Parallelgesselschaften, und wegen der Unfähigkeit/Mangel an Willen, eigene Grenzen gegen illegale Einreise zu schützen. Das alles trägt dazu bei, dass Menschen in großen Mengen kommen, und das gerade deswegen auch viel mehr Menschen ertrinken.

**Je mehr finanzielle Stimulation und Willkommenskultur, desto mehr Menschen riskieren ihre Leben. Und desto mehr Menschen ertrinken.** Und umgekehrt: Wäre die Migrationswelle wie in Australien gestoppt oder wesentlich verlangsamt, ertrinkt niemand oder fast niemand, Menschenleben wären gerettet. So ist das, obwohl das der Willkommenskultur nicht angenehm klingt. Alle diese Dinge hängen klar und unbestritten zusammen.

Nicht die Flüchtlinge sind schuld. Wir (nur einige von uns direkt, andere dann durch Umverteilung/Steuern indirekt) sind es, die Anreize schaffen. Wir sind es, die Magnete aufstellen. Da ist jemand für viele Ertrunkene mitverantwortlich, und zwar vergebens, da dies mehr Menschen schadet als hilft, wie vorher bewiesen.
**<u>Sehen Sie bereits, wozu man da die Mitteleuropäer zwingt?</u> <u>Unmoralisches Zwingen zu unmoralischem Handeln.</u> Natürlich gegen die europäischen Werte** (siehe Kapitel <u>Europäische Werte</u>).

*Zusammenfassung des Kapitels:*

*Das Moralargument für Immigration ist falsch und entweder verlogen oder misverstanden*
*Die meisten Einwanderer sind keine Kriegsflüchtlinge. Keine Obergrenze ist realitätsfern, unmöglich und schädlich für Europa sowie Afrika/Asien*

*Mathematisch ist klar, dass wir durch Einwanderung den
Ärmsten nicht helfen (und nicht helfen können) und dass wir
ihnen durch die Flüchtlingspolitik bei ihnen zu Hause sogar
großen Schaden anrichten, da wir ihre fähigsten oder jüngsten
Menschen absaugen
*Die Willkommenskultur hat die Zahl der Ertrunkenen leider
vergrößert, kriminelle Strukturen gestärkt, Sicherheit in
Afrika/Asien nicht verbessert, sondern die in Europa
verschlechtert
*Es gibt andere und viel viel bessere Wege, den wirklich
Armen bei ihnen zu Hause zu helfen, nur muss Europa
wirklich wollen

*(1) Politisch Verfolgte genießen Asylrecht.*
*(2) Auf Absatz 1 kann sich nicht berufen,*
*wer aus einem Mitgliedstaat der Europäischen*
*Gemeinschaften oder aus einem anderen Drittstaat*
*einreist, in dem die Anwendung des Abkommens*
*über die Rechtsstellung der Flüchtlinge und der Konvention*
*zum Schutze der Menschenrechte*
*und Grundfreiheiten sichergestellt ist. (...)*
**Artikel 16a, Grundgesetz für die BRD**

*Corruptissima re publica plurimae leges.*
*Je verdorbener der Staat, desto mehr Gesetze hat er.*
**Tacitus (cca 56 - cca 120), Annales**

*Warum gleich über rigide, unknackbare Gesetze sprechen?*
*Unsere modernen Gesetze sind elastisch und offen*
*zur Interpretierung nach Umständen.*
**Ayn Rand: Atlas Shrugged**

GRUND 2:
# EINWANDERUNG ALS RECHTSPFLICHT UND DER RECHTSSTAAT

*Mehrere Rechtsnormen sollten Deutschland (und Europa) angeblich dazu verpflichten, Grenzen zu öffnen, illegale Reisende hereinzulassen, nichts gegen Masseneinwanderung zu unternehmen. Sogar sei angeblich keine Obergrenze überhaupt möglich. Dublin III – obwohl geltende Rechtsnorm, „hat sich ausgelebt und wurde überwunden".*
*Revolutionsauslegung, nicht wahr? Oder hat sich da jemand Recht gebeugt oder sogar dauerhaft gebogen? Welche Normen kann man sich noch beugen und biegen und als überwunden bezeichnen? Können das alle oder nur die Mächtigsten? Schützt heutiges Recht noch den Normalbürger oder ist es bereits so intransparent und massiv, dass sich da jeder Mächtige auswählen kann, was, für wen und gegen wen er/sie will und für jeden (un)möglichen Zweck?*

Wen die Moralgründe der Flüchtlingspolitik nicht überzeugen (siehe Kapitel <u>Moral</u>), dem wurden auch noch die rechtlichen Gründe vorgelegt. Die Willkommenskultur und Mainstream-Medien haben oft argumentiert, die Flüchtlingspolitik und geöffnete Grenzen waren Folge einer näher nicht klar beschriebenen Rechtspflicht.
Dabei wurden folgende Rechtsnormen erwähnt und wir haben gehört/gelesen:
*-die Genfer Konvention verlangt das irgendwie*
*-nach dem deutschen Grundgesetz kann man angeblich nicht anders handeln*
*-Dubliner Übereinkommen (Dublin III) hat sich „überlebt"*

Die gleichgeschaltete Medienmaschine hat viele überzeugt. Dabei hat sich fast niemand die Mühe gegeben, diese Behauptungen konkret zu belegen: welche Rechtsnormen, wo genau und wie schreiben Deutschland/Europa vor, diese und nicht andere Flüchtlingspolitik zu betreiben?

Wenn Medien etwas nicht belegen, sondern nur behaupten, und wenn man sie in einer Diskussion unter dem Artikel auffordert, dies zu tun, und man wird statt Antwort gelöscht, dann sind wir im Klaren. Jemand will etwas vertuschen, uminterpretieren, beugen, einfach manipulieren. Unrecht ist Recht, Manipulation ist Wahrheit, Krieg ist Frieden? Ungefähr so war es in dem Reich des bösen Großen Bruders im Orwell's Roman *1984* und ungefähr so habe ich das auch vor vielen Jahrzehntnen erlebt.

Ich habe lange verfolgt, ob und wie diese allgemeinen Thesen jemand wirklich mit Sätzen aus den Gesetzen und aus der Konvention belegt. Die Mainstream-Medien haben dies eher gemieden, ich hatte das Gefühl, dass die sog. Qualitätsjournalistik schläft oder schlafen muss.

## Das Grundgesetz spricht eindeutig

Lange berufte sich niemand an die konkreten Paragraphe. Erst auf PI-News.net habe ich vor zwei Jahren endlich gelesen, wie dies in dem Grundgesetz klar geregelt ist und zwar umgekehrt, als es die Mainstream-Medien andeuten. Danach habe ich Artikel 16a (siehe Zitat oben) des Grundgesetzes auf den offiziellen Seiten des Deutschen Bundestags gesucht, gefunden und erstaunt nochmals gelesen. Das Grundgesetz scheint aus einer anderen Welt zu sein als die, die sich vor unseren Augen medial, politisch und real vorspielt.

Das Zitat oben ist klar. Danach haben Recht auf Asyl nur die, die direkt z. B. aus Syrien nach Deutschland mit dem Flugzeug kommen. Nur dann ist Deutschland das erste sichere Land. Und das passiert sehr selten, weil die Fluggesellschaften im Falle einer Ablehnung des Asylantrags verpflichtet sind, solche Passagiere auf eigene Kosten zurückzukehren.

## Genfer Konvention: 1. sicheres Land

Wer bedroht ist (durch Krieg oder Verfolgung), hat nach der Genfer Konvention Recht, im ersten sicheren Land Asyl zu beantragen.  In diesem Fall muss Deutschland als erstes sicheres Land Asyl gewähren, falls entweder Krieg, Verfolgung oder Ähnliches in den Nachbarstaaten stattfinden, also in diesen Staaten: Dänemark, Niederlande, Belgien, Frankreich, Luxemburg, die Schweiz, Österreich, Tschechien oder Polen. Jeder sollte ohne Zweifel wissen, dass diese Länder demokratisch und friedlich sind und dass dort kein solches politisches Unwetter regiert.

Alle diese Länder sind sogar selbst sichere Länder, **und noch mehr:** alle Nachbarn dieser Länder selbst sind auch sichere Länder. **Und noch mehr:** alle Länder auf der Balkanroute waren sichere Länder, einschließlich der Türkei.

Somit ist klar festzustellen, dass überhaupt kein Land der EU eine rechtliche Pflicht nach Genfer Konvention haben konnte, Flüchtlinge aufzunehmen.

Deutschland (wie oben bereits geschrieben), musste danach, sowie nach dem Grundgesetz, nur solche Asylantragsteller aufnehmen, die direkt mit Flugzeug aus einem unsicheren Land auf dem deutschen Boden landen und dort Asylantrag stellen. Statt Millionen hätten wir da plötzlich ein paar oder ein paar Hundert Menschen, gar kein Problem, gar keine Masseneinwanderung.

## Dublin III: Das erste EU-Land zuständig für Asyl

Das Dubliner Übereinkommen (DÜ III) ist ein völkerrechtlicher Vertrag über die Bestimmung des zuständigen Staates für die Prüfung eines in einem Mitgliedstaat der Europäischen Union gestellten Asylantrags. In diesem DÜ ist klar geschrieben, dass das erste EU-Land dafür zuständig ist. Dies ist keine Wahl, sondern Rechtspflicht. Wer also nach der Genfer Konvention aus einem unsicheren Land in die EU einreist und Asylantrag stellt, muss dies in dem ersten EU-Land tun.

Bei der Masseneinwanderung würde dies angeblich zwei Länder belasten: Griechenland und Italien. Und da man diese zwei Staaten nicht belasten wollte, hat man – wie die Eliten und Massenmedien behaupten – die Grenzen öffnen müssen, aus Solidarität mit diesen zwei EU-Mitgliedsstaaten, sage das geltende Recht was es wolle.
Diese Behauptungen haben jedoch *einige Schönheitsfehler*.
Die meisten illegalen Einwanderer kamen durch Griechenland, was jedoch fast nie das erste sichere Land war.

Die meisten Flüchtlinge kamen nach Griechenland aus der
Türkei, was selbst auch ein sicheres Land ist. Nach Genfer
Konvention ist also in keinem Fall Griechenland zuständig
(falls die Geflüchteten nicht z. B. direkt aus Syrien geflogen
sind, was massenweise nie passierte, genauso wie bei der
Flugeinreise in Deutschland).
Griechenland hatte da keine Pflicht, Flüchtlinge zu
übernehmen, und auf der anderen Seite hatte Griechenland
sicherlich die Pflicht, gemeinsame Schengengrenze zu
schützen, auch gegen illegale Einwanderung. Eine weitere
Blase ist damit geplatzt.

Dasselbe gilt für Italien. Da die meisten Geflüchteten über die
italienische Route keine Menschen aus Nachbarstaaten sind
(und sogar keine Kriegsflüchtlinge, meistens keine
Verfolgten), hat Italien keine Pflicht, diese Menschen
aufzunehmen. Bei den meisten Afrikanern liegt das erste
sichere Land entweder zu Hause, oder in einem afrikanischen
Nachbarstaat. Bei den Bangladeschis liegt das erste sichere
Land sehr, sehr weit von Italien, und sogar sehr weit von der
Türkei. Es geht doch um Schutz der Verfolgten und
Kriegsflüchtlinge, nicht um bessere Sozialleistungen, oder?
Auch diese Blase ist geplatzt.

Zusammengerechnet: Die EU oder einzelne EU-
Mitgliedsstaaten hatten keine Rechtspflicht, 99 % der
Masseneinwanderung aufzunehmen, der kleine Rest wäre gar
kein Problem für die ersten EU-Staaten, falls da wirklich alles
nach dem geltenden Recht ablaufen würde.

Man musste gar nichts umverteilen und schon gar nicht gegen
den Willen der einzelnen EU-Staaten. In dem (ungefähr und
symbolisch gemeint) *„achten sicheren Land"* Deutschland
sollte die Politik anders reagieren, jedenfalls nach dem
geltenden Recht.

# Problem Überlastung in Nicht-EU

Europa hat Freunde auch außerhalb Europas. Wir sollten natürlich helfen, wenn sie unter Druck stehen. Wir müssen das jedoch nicht durch illegale Masseneinwanderung tun. Wir sind imstande, mit denselben Ausgaben mehr Menschen draußen zu helfen (siehe Kapitel <u>Unser Wohlstand</u>). Mit Rechtspflicht hat das jedenfalls gar keinen Zusammenhang. Es geht nur um guten Wille und um Hilfe an betroffene Nachbarstaaten Europas.

***Und noch etwas:*** die Masseneinwanderungskrise hatte nie etwas mit Ungarn zu tun (wie das offiziele MMM, Mainstream-Medien-Märchen, klingt). Es hatte nie etwas mit der Stabilität Balkans zu tun. Ungarn oder Balkan oder Griechenland oder irgendein EU-Staat waren nie rechtlich zuständig für Asyl der angekommenen Millionen, da in deren Nachbarstaaten kein Krieg und keine Massenverfolgung stattfindet. Punkt.

Die Balkanstaaten (geschweige denn Ungarn) brauchten nicht gerettet werden, sie brauchten nur die gemeinsame Schengengrenze zu schützen, auch gegen illegale Einwanderung. Die Bilder der Tausenden Flüchtlinge in Ungarn waren mißbraucht und umbemalt. Es gab keine ungarische Krise und dann deutsche Aufnahmebereitschaft (nur in dieser Reihenfolge gab es sie nicht, umgekehrt jedoch schon). Es war also ganz umgekehrt, ***zuerst*** die Aufnahmebereitschaft seitens der deutschen Regierung ***und erst dann*** die Flüchtlingskrise in Ungarn. Dies umzudrehen klingt leider nur nach Fakenews, auch wenn tausendmal verbreitet.

*Zuerst* hat Griechenland die Grenzen nach geltendem Recht über Schengengrenze vor illegaler Einreise nicht geschützt (vielleicht gab es da eine Anweisung *„von oben"* oder nur Unfähigkeit der Politiker). Jedoch all die, die sich dann plötzlich in Ungarn vor die Kameras stellten, hatten bereits klar im Kopf, wohin man sie einlädt und wo sie hinwollen. Sie riefen eindeutig „Deutschland, Deutschland" und das war kein Zufall. Sie riefen sogar nicht „Österreich, Österreich", sondern eben „Deutschland". Und das musste bereits damals einen Grund haben, den niemand von den Verantwortlichen sagen will.

Die Info über Deutschland als Willkommenskulturland hat den Flüchtlingen jemand vorher gesagt, dies *fiel nicht vom Himmel unter Budapester Sonne* (siehe andere Kapitel, die das teilweise oder voll erklären könnten, obwohl es keine Beweise dazu gibt und vielleicht nie geben wird).

## Erklärungspflicht
Natürlich kann ich mich mit Auslegung der **meiner Meinung nach klaren Rechtsnormen** irren. Ich bin kein Jurist, sondern Volkswirtschaftler, Übersetzer, langjähriger Journalist und Autor.
Was jedoch unbestritten ist: die Medienmaschine sowie die Politiker haben Pflicht, ihre Handlungen bzw. Handlungen der Regierungspolitiker, die angeblich rechtlich bedingt sind, zu erklären und zu belegen:
*es steht hier und hier im Gesetz, so und so,* und daher muss man *so und so handeln.*

Falls die Mehrheit fühlte, dass dieses oder jenes Gesetz gegen die Interessen der Wähler ist, es geht natürlich auch, Gesetze demokratisch zu ändern, und die Politiker haben Pflicht, im Interesse ihrer Wähler zu agieren und auch im Interesse ihrer Wähler Gesetzesänderungen vorzuschlagen.

Nachdem, was sie beim Amtsantritt versprochen haben:
**"Ich schwöre, dass ich meine Kraft dem Wohle des
deutschen Volkes widmen, seinen Nutzen mehren, Schaden
von ihm wenden, das Grundgesetz und die Gesetze des
Bundes wahren und verteidigen, meine Pflichten
gewissenhaft erfüllen und Gerechtigkeit gegen jedermann
üben werde. So wahr mir Gott helfe."**

Und die Medien sollten die Politiker daran erinnern und die
Politiker eigentlich kontrollieren und sie dazu zwingen, hier
**vorrangig für Interessen der eigenen Wähler und nicht für
Interessen der Wähler auf anderen Kontinenten zu agieren.**
Das ist meiner Meinung nach nicht passiert, die sog.
Qualitätspresse hat im Bereich Qualität total versagt. Man
kann sich über Verschwörungstheorien beschweren, jedoch
was diese am besten füttert, ist die falsche Informationspolitik,
die Informationslücken erzeugt. Wer sich nicht informiert
oder wer sich belogen fühlt, sucht woanders. Das ist ganz
natürlich.
Es ist auch ganz gut möglich, dass dies Absicht war. Dass man
nicht wirklich informieren konnte, da die Politiker irgendwas
nicht sagen wollten, oder da sie aus irgendwelchem Grund ein
faules Spiel gespielt haben, und die Gründe sind auch den
Journalisten unklar (eine andere Erklärung kann vorliegen,
siehe alle Kapitel und Erklärungen in diesem Buch).

## Sehr wichtig: Rechtsstaat im Rechtsdschungel

Gibt es noch in Deutschland/Europa einen Rechtsstaat oder
nicht? Diese Frage kann jemand auf den ersten Blick
unglaublich finden. Man ist gewöhnt, Jahrzehnte in ganz
Deutschland, oder mehr als ein halbes Jahrhundert in
Westdeutschland, Österreich usw., dass wir Rechtsstaat haben
und das dieser zu Prosperität führt. Der Rechtsstaat, der zum
Baustein heutiger Prosperität war, war jedoch ein anderer
Rechtsstaat als der, den wir heute haben. Übersichtlicher,
verständlicher, mit klaren Kompetenzen der drei Gewalten.

Heute sind wir woanders. Die Wirtschaft wächst in den letzten Jahrzehnten viel langsamer und dies hat mit dem untransparenten Recht viel mehr zu tun, als viele ahnen.

Das Problem, das nicht oft diskutiert wird, oder nicht oft genug: Wir haben mindestens zehntausende (oft dicke) Rechtsnormen, was doch ein riesiger Problem ist. Diese Menge können nicht nur die Normalbürger nicht verstehen, ja sogar nicht lesen (!) und schon gar nicht einhalten.
Die alte Redewendung aus den Römischen Zeiten sagt dazu: **Ignorantia legis/iuris non excusat**, auf deutsch: **„Unkenntnis des Gesetzes/des Rechts entschuldigt nicht"**, bekannt in Deutschland eher unter **„Unwissenheit schützt vor Strafe nicht"**.

Es sollte in einem Rechtsstaat natürlich möglich sein, Gesetze zu kennen, mindestens die wichtigen, die uns alle betreffen. Wenn das nicht möglich ist, haben wir noch einen Rechtsstaat? Dieser alter juristischer Grundsatz ist heute im klaren Widerspruch zur Unmöglichkeit der Wissenheit oder Kenntnis! **Unkenntnis der Gesetze entschuldigt zwar nicht, Kenntnis ist jedoch nicht mehr möglich.**

Und das gilt nicht nur für Bürger, die Gesetze einhalten müssen und sollten, jedoch inzwischen auch für Juristen! Hier sollte Alarm klingen und alle – rechts und links – sollten dringend an einer Vereinfachung des Rechts arbeiten. Es ist wirklich nicht nötig, zehntausende dicke Gesetze zu haben. Alle Rechtsnormen zusammengerechnet, sollten wir angeblich zur Zahl über eine Million kommen! (Übrigens, das Gesetz mit dem längsten Namen hieß:
<u>Rindfleischetikettierungsüberwachungsaufgabenübertragungsgesetz.</u>
Sogar für so etwas gab es in Deutschland ein Gesetz.)

Dieses Problem alleine führt zur rechtlichen Unsicherheit par excellence. Es erschüttert sogar den Boden, auf dem die Rechtsstaaten aufgebaut werden sollten. Und es kommt auch heute und auch in der Form der umstrittenen Flüchtlingspolitik als ein Bumerang zurück.

Es kann dort drinnen in den dschungelartigen Gesetzen alles stehen, widersprüchlich, ohne dass es die Menschen wissen, ohne dass es die Juristen wissen. Es kann gegen jeden freien „ungehorsamen" Menschen etwas gefunden werden, um diesen zum Gehorsam zu zwingen oder politisch oder sogar wirtschaftlich zu vernichten, falls von den Mächtigen gebraucht. Zuviele zu lange Gesetze erschüttern Freiheit und Sicherheit. Ohne Freiheit, Recht und Sicherheit gibt es nur Untergang, früher oder später.

**Und noch mehr:** Es läuft uns mehr und mehr davon, dass die Wähler ihre Gesetze bestimmen, dass nur direkt gewählte Gesetzgeber Gesetze geltend machen und zwar danach, was die Wähler wollen und was vorher umfangreich diskutiert wurde. Dies ist längst die Vergangenheit und wir sehen bereits, wie die Gerichtshöfe nicht nur das unverständliche massive Recht auslegen, sondern bereits versuchen, neue Regel selbst zu schaffen. Wir fallen aus einer Demokratie langsam aus, ohne dies überhaupt zu merken. Wie ein langsam gekochter Frosch.

## Rechtssicherheit des Normalbürgers

Erste Gesetze entstanden zuerst mit der Absicht, den einfachen Menschen „dort unten" mehr Sicherheit zu geben. Hammurapi Gesetze waren fast jedem verständlich, auch wenn nicht immer sehr schön. Langsam hatten Gesetze mehr und mehr die Untertanen und später Bürger vor dem bösen Willen der Herrscher zu schützen, was wieder zu Prosperität führte. Rechtssicherheit bring Prosperität.

Herrscher und später Regierungen konnten nicht alles und die
Menschen wussten, was sie konnten und was nicht.
Jetzt ist *alles langsam anders*, mehr und mehr, und nicht
zugunsten der Bürger. Das ist vielleicht das Grund unserer
Probleme, unserer Krise, unserer europäischen Stagnation.
Wir entkommen diesem Problem nicht, wenn wir mehr Macht
nach Brüssel oder Berlin übergeben, wir brauchen Reformen.
Nicht nur des Rechts.

**Und das Schlimmste:** kein wichtiger Politiker Europas hat
eine Lösung, fast niemand agiert dagegen, niemand
vereinfacht die Regeln wirklich und es werden immer mehr
und mehr produziert.

Wieviel? Im Fall des Brexit zeigte sich, dass Großbritannien
schrittweise nun rund **20 000 EU-Rechtsnormen** (alle mit
vielen Seiten) prüfen muss, welche davon im britischen Recht
zu belassen und welche nicht. Wir haben keinen Dexit, Czexit,
Öxit oder Nexit, jedoch dies erinnert uns alle daran, dass wir
alle auch diese 20 000 Normen **nur aus der EU-Ebene** haben
(und dazu noch zusätzliche eigene) und ich sage ganz ohne
Zweifel: DAS IST NICHT NORMAL.

Bitte denken wir darüber nach, das müssen wir bald ändern,
sonst enden wir, wo wir nicht enden wollen. Das hat Folgen,
bereits jetzt, auf die Wirtschaftsleistung und Freiheit, die dann
noch weitere Folgen mit Konflikten haben. Aber vor allem hat
dies Folgen auf Demokratie, Menschenrechte, Fähigkeit der
Wähler, ihr Schicksal mitzubestimmen. Ernstes Problem und
es zeigt sich bereits auch im Falle der Masseneinwanderung.
Es gelten soviele Normen, dass sich jeder mächtige (oder jeder
korruptionswillige) Top-Politiker auswählen kann und
machen kann, was er/sie will. Hoffentlich übertreibe ich noch
ein bisschen, auch wenn nicht viel.

Damit wir wieder zum Hauptthema zurückkehren: Der EU-Gerichtshof hat entschieden, dass Dublin III zwar gilt, jedoch - wie es ein Cicero.de Leser ausgedrückt hat:
**Selbstverständlich gelten die Gesetze, außer wenn sie aus humanitären Gründen nicht gelten.** Oder ein anderer Leser:
**Es gibt eine Regelung in der EU, aber die gilt nur dann, wenn ihre Einhaltung von einem Mitgliedsland auch tatsächlich praktiziert wird, was allerdings - wie bei Viktor Orbán z.B. - als weniger "edel bzw. human" gilt als das Mißachten des Gesetzes. (...) Das heißt: Eigenwilligkeit steht über dem Gesetz.**
**Man muß seine Eigenwilligkeit nur begründen können, am besten durch "Humanität".**
Und noch einer: **Im Klartext bedeutet das, dass eine Regierung entgegen dem geltenden Recht agieren darf, ohne dass dies irgendwelche Folgen hätte. Die Frage ist, ob dies nur für Dublin III gilt oder auch für andere Gesetze.**

## Rechtsstaat oder nicht?

„Im September 2015 entschied Angela Merkel, die Grenzen nach Deutschland zu öffnen. Ein Gutachten der wissenschaftlichen Dienste des Bundestages zweifelt nun die rechtliche Grundlage für diesen Schritt an." Die Welt, September 2017. „**Bis jetzt ist die Rechtsgrundlage, auf der die Einreise von Asylsuchenden im Herbst 2015 genehmigt wurde, nicht geklärt.**" Ohne die EU-Partner und ohne das Parlament, geschweige denn die Wähler zu fragen. Es gibt 1 Paragraph, Beihilfe zur illegalen Einschleußung/Schleuserei (§ 96 AufenthG, § 111 StGB etc.), der nach der Stellungnahme eines Passauer Strafrechtlers diese Taten betreffen soll, theoretisch. Da das Recht für einige nur theoretisch gilt, mindestens so scheint es einem Normalbürger.

Frage an alle Leser: Wie verträgt sich das alles, was in diesem Kapitel erwähnt ist, mit dem Rechtsstaat? Wer hat da Polen oder Ungarn für viel geringere politische Veränderungen, die mindenstens mit und nicht ohne Parlament entschieden worden sind, kampagneartig kritisiert?

Oder wie es in der Bibel (Mt 7-3) steht: **Was siehst du aber den Splitter in deines Bruders Auge und nimmst nicht wahr den Balken in deinem Auge?**

Und das ist, meine Damen und Herren, ein riesiges Problem. Denken wir darüber nach. Der Rechtsstaat ist sehr wichtig für Freiheit, Stabilität und zukünftige Prosperität. Und auch dafür, dass es keine solche Flüchtlings- und EU-Krisen mehr gibt. Ohne diesen Zustand des Rechts und Rechtsstaates gäbe es nämlich keine solche Flüchtlingskrise.

## GRUND 3:
# ARBEITSKRÄFTE UND PENSIONSPOLITIK DURCH EINWANDERUNG

*Die europäische Bevölkerung wird älter und die jungen Menschen haben weniger Kinder, als für Beibehaltung der Einwohnerzahl gebraucht. Dies hat Konsequenzen in Zukunft auf dem Arbeitsmarkt und bei umlagefinanzierten Pensionssystemen, die in Europa üblich sind. Weniger Kinder und weniger Steuerzahler müssen dann in diesen Systemen mehr Rentner finanzieren, was gefährlich sein kann und eine Lösung braucht. Einwanderung kann unter bestimmten Voraussetzungen eine der vielen möglichen Lösungen sein. Ist dies der wirkliche Grund für offene Grenzen und illegale Masseneinwanderung ohne Auswahl und Kontrolle? Falls dies der wirkliche Grund war, ist es richtig und im Interesse der Europäer gemacht worden? Gibt es eine bessere Alternative?*

Einem Widerspruch kann die Willkommenskultur nicht entgehen. Entweder gibt es morale Gründe für Masseneinwanderung, man will helfen, und zwar den Schwächsten, Ärmsten und Meistbetroffenen (wie behauptet, jedoch nicht gemacht), oder man führt die besten, dynamischsten und relativ meistqualifizierten Arbeitskräfte ein, um Arbeitskräftemangel und Pensionsprobleme der Zukunft zu beseitigen. Beides zugleich geht nicht. Eines schließt das Andere aus. Wieso?

## Mehr junge Steuerzahler für die älternde Population

Diese zwei Gründe schließen sich völlig aus, da es eben moral ist, den Schwächsten vorranging zu helfen, wobei nur die Stärksten und Jüngsten und Fähigsten unseren Arbeitsmarkt und Pensionen retten könnten. Effektiv mit diesem Grund im Munde heißt einfach etwas mehr egoistisch, und umgekehrt. Mehr an andere denken, heißt zu geben, mehr an sich zu denken, heißt eigene Pensionen zu retten. Widerspruch par excellence. Das ist jedoch noch nicht alles.

Um diesen Grund zu erfüllen, muss man dabei ganz gegen jede Ethik zugleich sichern, dass diese jungen dynamischen Menschen die älteren und arbeitsunfähigen Verwandten nicht miteinführen. Also: keine Familien, keine Großväter und Großmütter aus den Entwicklungsländern, sonst führt man da mit den Fütternden auch die Hälse ein, die man zusätzlich füttern wird.

Die Willkommenskultur muss sich da entscheiden: entweder sind diese junge Männer (falls arbeitsfähig, dynamisch, qualifiziert, und arbeitswillig) gut für die europäische Wirtschaft und lösen unser Pensionsproblem und Demografieproblem mit der Alterung der Bevölkerung, oder hilft man moralisch vor allem den Schwächsten, die öfters nicht arbeiten können, dort sowie hier.
Außer bei einer Supergroßfamilie, wo **zwanzig junge, arbeitsfähige, arbeitswillige, konfliktlose, integrationswillige, gut der westlichen Kultur gesinnte, an Demokratie und Freiheit glaubende junge dynamische qualifizierte** Menschen auf nur 2 Eltern und 4 Großeltern entfallen.

Mit der ist es natürlich kein Problem für diesen Pensionsgrund, diese miteinzuführen. (Solche Familien sind jedoch auch dort „südlich" eher eine Ausnahme und jeder Familiennachzug wird gegen diesen Grund wirken.) Familiennachzug hilft den Diktatoren, die dann weniger für Pensionen ausgeben müssen und mehr Waffen einkaufen können, auch dank unserer Politik.

Das Problem ist jedoch, ob wir jetzt genau **die oben beschriebenen Menschen** einführen (und ob das wirklich moral ist, dies zu tun). Wir können in keinem Augenblick vergessen, dass die meisten, die kommen, etwas besser dran sind, als die 3 Milliarden unter-2-Dollar-pro-Tag-verdienende-Menschen, die kein Geld für Auswanderung und Schlepper übrig haben und denen diese dynamischsten Menschen dort unten fehlen werden, und die diese unsere Entscheidung direkt beschädigen wird. Auch im Idealfall, wo **all die genannten Attribute** nicht fehlen würden, machen wir Bärendienst den dort unten gebliebenen, den Schwächsten, den Ärmsten (siehe Kapitel Moral).

## Fehlende Attribute + nötige Auswahl, die fehlt

Die oben gennanten Attribute oder ein Teil von ihnen fehlen manchmal. Vernünftige Länder wählen lieber sorgfältig aus, statt alle reinzulassen. Neuseeland oder Australien machen das anders. Das war so bisher lange auch in Europa, bis sich die extreme multikulturelle Ideologie durchsetzte, die sich über die wirtschaftliche Zusammenhänge und sogar über die Sicherheit der Mitbürger einfach keine Sorgen macht. Unverständlicherweise fallen die bisher üblichen Kontrollen und einige Außengrenzen Europas weg, als ob es am Besten wäre, alles der unsichtbaren Hand des Zufalls zu belassen. Man wird sich alles irgendwie sortieren?

Vielleicht und vielleicht auch nicht so ganz, jedoch ein Jahrzehnt oder mehr der Unsicherheit hat natürlich auch wirtschaftliche Folgen, die alle Vorteile einer (unmoralischen) Einwanderung (Talentraub miteingerechnet) auch in Europa löschen kann. **Die wenigen Ärtzte und Ingenieure, die es dort „unten" gibt, saugen wir ab. Die helfen uns sicher ein bisschen, unsere Probleme zu lösen. Wie ethisch ist das nur?**

Und die Wirtschaft ist nicht alles: es gibt auch andere Werte, zum Beispiel Demokratie. **Bei einer so großen Demografieveränderung sollte man mindestens die Menschen direkt fragen, ob sie damit einverstanden sind.** Die Wähler, die hier leben und in gemeinsame Töpfe bereits lange zahlen, die hier zu Hause sind und sollten befragt werden, ob der Staat aus ihren Töpfen weit und breit streuen darf. So eine direkte Demokratie hat Vorteile: man diskutiert alle Pros und Kontras und man entscheidet dann. Man hat Zeit, alles vorzubereiten und alles am besten für die Wähler/Einwohner Europas zu machen.

**Es sind die Wähler, die den Politikern Macht für kurze Zeit delegiert (nicht: gegeben) haben, und nur das sind ihre Wähler. Es gibt hier keine Obrigkeit, die entscheidet, und keine Untertanen oder Schafe, die beliebig geschärt werden können.** Politik muss heute anders aussehen, sie kann nicht von Palästen gemacht werden, und auch nicht von den Palästen der progressiven Neulinke.

## Vieles fehlt für den Arbeits- und Pensionsgrund

Bei offenen Grenzen fehlt die Auswahl. Es kommen alle, auch die schlimmsten Islamisten, da sie kommen können. Auch aus sicheren Ländern - wie im Fall Anis Amri, der konkrete Menschen getötet hat.

Diese Menschen konnten noch leben. Genauso im Fall der Barcelona-Attacken, auch hier waren die Täter aus sicheren Ländern, auch hier konnten die Menschen noch leben. **Die Einwanderungspolitik - falsch gemacht - trägt Mitschuld.** Es ist kein Zufall, dass Terroranschläge vorrangig oder mehr in den Ländern und Gebieten Europas geschehen, wo mehr unintegrierte Migranten aus nicht ganz kompatiblen Kulturen massenweise aufgenommen wurden. Und wo man die Integration nicht geschafft hat, sondern Parallelgesellschaften, Staaten in Staaten, entstehen ließ.

Es geht leider nicht nur um diese Welle der Einwanderung. Generell gesagt, haben viele Willkommensmenschen vollen Mund europäischer Werte und drohen mit dem oder jenem, falls die Ost-EU diese Politik nicht verfolgen wird, sonst... **Umso schöner die Theorie, man sollte ab und zu auf die Resultate blicken** (sagte mal Churchill, meine Übersetzung). Also: bevor man jemanden zu demselben Wahnsinn zwingt, sollte man sich das eigene Land ansehen und sagen: **hier, Leute, blickt auf unsere Ergebnisse, zum Beispiel in Frankreich, Belgien oder Schweden, wie uns die Integration perfekt gelungen ist! Ihr habt nichts zu fürchten, wir haben das geschafft.** Oje, so etwas kann man im Westen Europas leider nicht ehrlich sagen.
Wer war Schuld daran, dass die Integration nicht ganz gelungen ist und dass Parallelgesellschaften entstanden sind? Nicht die Flüchtlinge, die natürlich das machen, was ihnen vorteilhaft zu sein scheint, sondern... eher die, die so etwas zu Hause ermöglicht und jetzt anderen aufzwingen wollen.

## Brennende Autos, No-Go-Zonen, Scharia-Polizei

Es brennen oft Autos in Paris oder Malmö, auch die zweite und dritte Generation der einst friedlichen Einwanderer hat immer noch höhere Arbeitslosenraten und radikalisiert sich mehr als es je bei den Eltern oder Großeltern der Fall war.

Und es gibt auch so etwas, was manche *empfindliche Gebiete* und andere *No-Go-Zonen* nennen, wo das Recht des Staates nicht gut gesichert ist und wo sich die Polizei sogar nicht immer traut, hineinzugehen. Es gibt viele selbsternannte Scharia-Räte, z. B. in Großbritannien. Genau diese Probleme haben die Ost-EU Länder gar nicht und wollen sie verständlicherweise auch nicht haben. Sie können aus Fehlern Anderer lernen, die nicht selbst lernen wollen. *„Was du machst, spricht so laut, dass ich nicht hören kann, was du sagst"* (Autor: Ralph Waldo Emerson, 1803-1882). Das gilt auch dafür, was westeuropäische Eliten den Mittelosteuropäern sagen.

## Zusätzliche junge Rentner

Nicht nur Sicherheit ist ein Problem. Es kommen auch Menschen, die nie arbeiten wollen, und die großzügigen (oder naivgestalteten) Sozialsysteme ermöglichen vielen, die angeblich unsere zukünftigen Rentner retten sollten, auf Kosten Anderer langfristig zu leben. Statistiken in Schweden oder Frankreich sollten zum Warnsignal werden. Anders gesagt, einige Staaten haben **zusätzliche junge Rentner eingeführt**, kurzfristig oder langfristig. Nur 10 % der Flüchtlinge und Migranten von 2015 hatten in der 2. Hälfte 2017 in Deutschland eine Arbeit, das ist doch nicht mit **„wir haben das geschafft"** zu beschreiben, sondern mit **„junge Rentner eingeführt"**. Kommen noch bei Familiennachzug die alten Rentner dazu?

Einige Sozialsysteme sind gegenüber den Geflüchteten naiver gestaltet als andere – sonst würde niemand aus Italien nach Deutschland, ja sogar aus Österreich nach Deutschland, oder aus Frankreich nach Großbritannien fast für jeden Preis gelangen wollen.

Manchmal **in den achten sicheren Staat.** Um mich nicht zu
mißverstehen: Dies ist kein Fehler der Flüchtlinge und
Wirtschaftsmigranten, sondern ein Fehler der Politik in
Europa. Flüchtlinge machen nur das, was wirtschaftlich
vorteilhafter ist, wenn es geht, wie jeder Mensch.

## Qualifikation, Kriminalität

Mit der Qualifikation ist das auch nicht ganz gut. Es kommen
viele unqualifizierte mit, was nicht so schlimm wäre, wenn
einige nicht jede Qualifikation ablehnen würden. Was aber
ganz unverständlich ist, dass auch die wenigen, die etwas
Kriminelles getan haben, nicht sofort abgeschoben werden.
Die westliche Gesellschaft ist nicht mehr imstande,
mindestens die Kriminellen wegzuschicken? Da bleibt einem
der Verstand stehen. Dann sind wir wirklich verloren.
**Bereicherung, die man loswerden muss?**

Die Willkommenskultur hat da **noch einen unglaublichen
Widerspruch** erdacht. Die illegalen Einreisenden bilden zwar
eine **große Bereicherung** für die Gesellschaft, für den
Arbeitsmarkt und zukünftige Pensionen, sagen sie, man muss
sie jedoch loswerden und auch nach Osten schicken, damit
man die „Lasten verteilt". Wenn das nicht ein Widerspruch
ist, dann bin ich der Große Manitou.
**Wieso kann jemand zugleich Bereicherung und Last sein, da
bleibt der Verstand auch stehen.** Extremlinke Logik pur, oder
redet man sich etwas ein, was man selber nicht glaubt? Mit
den „Lasten" ist da jemandem Linken die Zunge in „die so
sehr gehassten rechten Landschaften" geflüchtet, oder wie soll
man das verstehen?
**Lastenbereicherung klingt ein bisschen wie gewaltsame
Liebe oder erzwungene Solidarität.** Der Häuptling Linke
Zunge kann doch nicht so bösartig sprechen.

Die Bereicherung sieht da jemand als so große Last, die man
für fast jeden Preis loswerden muss. Auch durch Drohungen
an EU-Schwesterstaaten und auch durch Radikalisierung der
Bevölkerung im Osten, die sich auf Demokratie gewöhnt hat
und will sich diese nicht so schnell abgewöhnen. Man scheut
sich sogar nicht davor, die EU mehr und mehr zu spalten, so
wichtig ist diese Politik irgendwie? Dann ist jedoch mit der
EU Schluss, Ende, Amen.

Man muss also diese Menschen als Last loswerden und im
Widerspruch dazu führt man gleichzeitig diese weiter ein und
droht jedem, der dies stoppen will, und gleichzeitig will man
andere zwingen, diese auch aufzunehmen. Das Ganze macht
keinen Sinn natürlich, klingt und riecht nur nach
(neo)marxistischen Pseudo-Dialektik, oder nach erzwungener
Umvolkung Europas (siehe Kapitel <u>Schmelztiegel Europa</u>
<u>oder Umvolkung nach Plan</u>).

## Zuviele junge Arbeitslose in der EU, warum neue einführen?

Da unser Pensionssystem gefährdet sein könnte und da wir
plötzlich zu wenig Arbeitskräfte haben (auch wegen des
Euros), brauchen wir jetzt angeblich neue Arbeitskräfte,
Kinder und junge Menschen aus aller Herren Ländern.

**Wieso reichen nicht die zu vielen jungen Arbeitslosen aus
Südeuropa? Die südlichen EU-Länder haben doch zuviel
junge Arbeitslosigkeit und logischerweise müsste jeder
vernünftiger EU-Politiker zuerst diesen jungen Menschen
aus Griechenland oder Italien Arbeit anbieten wollen, da
diese eigene EU-Bürger sind.**

Sie sind hier in Europa zu Hause, sie sollten Vorrang haben,
ihnen Arbeit sichern wird auch stabilisierend wirken. Was bei
den „neu ankommenden" potenziellen Arbeitskräften nicht so
sicher ist.

Das Problem mit der südlichen Arbeitslosigkeit hängt natürlich über die Einheitswährung auch mit wahnsinniger EU-Wirtschaftspolitik zusammen: **Überregulierung verträgt sich nicht mit der Einheitswährung mit verschiedener Wirkung in einzelnen Staaten.** Es musste nicht unbedingt so sein, wie es ist. Das ist eigentlich u. a. **die Rückseite des Euros, der an der Vorderseite die jetzige deutsche Konjuktur trägt.**

## Politik von Wand zur Wand

Es schadet nie, etwas aus der Vergangenheit zu erwähnen. Vielleicht erinnern Sie sich daran, wie wichtig es noch in der Zeit des EU-Beitritts Tschechiens, der Slowakei, Polens, Ungarns den deutschen / österreichischen Politikern war, den deutschen / österreichischen Arbeitsmarkt zu schützen (2004-2011), da zuviele neue Arbeitskräfte kommen könnten, was das Gleichgewicht auf dem deutschen und österreichischen Arbeitsmarkt angeblich untergraben konnte? Obwohl es gar nicht in Frage kommen könnte, mehr als Zehntausende Menschen zu erwarten.

Und jetzt kamen fast zwei Millionen, sie brauchen keine Papiere, keinen Passport, keine Vergangenheit, man muss über diese nichts wissen, und auch nach dieser riesigen Zahl gibt es keine Obergrenze, wird es keine Obergrenze geben, der Arbeitsmarkt verkraftet jetzt plötzlich hundertmal mehr Menschen oder einfach alle, da **wir „das schaffen". Ist das nicht eine Wand-zur-Wand Politik? Was damals galt, gilt nicht mehr? Was jetzt gilt, galt damals nicht?** Die Erde war flach und plötzlich ist sie rund, oder umgekehrt. Etwas hat sich verändert, und man muss das auch anderen aufzwingen, da wir plötzlich als Besserwisser doch besser wissen, was wir ein paar Jahre zuvor noch nicht wussten. Wir haben uns stark verändert, jedoch es sind die anderen, die die europäischen Werte nicht einhalten?

Macht das irgendwelchen Sinn, jetzt 2 Millionen Menschen aus Afrika und Asien potenziell Arbeit anzubieten (oder anbieten müssen, sonst wächst die Unzufriedenheit der Ankommenden), was jetzt als hoch ethisch und nötig ausgewertet wird, wobei noch vor dem Jahre 2011 war dies ein großer Problem, die eigenen EU Regeln gleich vom Anfang an einzuhalten, nämlich des einheitlichen Arbeitsmarktes? Also die Regierung hatte damals Angst, das zuviele Arbeitskräfte aus den neuen EU-Ländern kommen und den deutschen Arbeitskräften, vor allem den weniger qualifizierten, Konkurrenz machen. Jetzt ist die Politik total umgekehrt, macht das Sinn, schämt sich da die Politik nicht?

**Entweder war damals gut, Grenzen gegen Arbeit zu befestigen, oder ist es jetzt gut, die Grenzen zu öffnen, beides kann nicht zugleich gelten. War das nicht sogar bei derselben Kanzlerin? Ja, natürlich.** Bei derselben, die die „unschönen Sätze" über die multikulturelle Ideologie und deren Versagen damals sagte (siehe Kapitel <u>Ideologie des Multikulturalismus</u>). Genau die Kanzlerin, die mit ihrer Willkommenskultur jetzt ähnliche Worte mit solchem Ekel in die rechte Ecke schiebt. Werden wir mal erfahren dürfen, warum diese totale Umkehrt passierte? Was oder wer war der Auslöser?

## Alternative zur Einwanderung-Pensionspolitik

Es gibt natürlich auch Alternativen zu der Pensionspolitik, die mit globaler Einwanderung als Zaubermittel Nummer 1 rechnet. Eine der besten Alternativen wäre vielleicht (bei einer milden Einwanderung aus friedlichsten Kulturkreisen) **die ganzen Gelder einfach in ein Finanzierungsprogramm für deutsche Familien mit Kindern umzuwandeln. Damit es sich wieder mehr lohnt, Kinder zu haben.**

Unfruchtbar sind wir Europäer nicht geworden, und
Finanzanreize wirken. Natürlich hat ein oder eine Single mehr
Geld, Zeit und Möglichkeiten, wenn er/sie nur einen Hals
füttern muss und wenn er/sie in Urlaub fliegt, dann bezahlt
er/sie genau 1 Flugticket, wobei eine 5-köpfige Familie eben 5
Flugtickets bezahlen muss, nachdem all die 5 Hälse gefüttert
worden sind.

Mit 2 Gehältern und manchmal mit einem, wenn sich die
Familie den Kindern etwas mehr widmen will. Die
Finanzunterschiede sind hier klar. **Es lohnt sich leider sehr,
Single zu bleiben und keine Kinder zu haben. Konservative
Denkweise wird hier gebraucht, die einst konservativen
Parteien sollten heimkehren nach dem Ausflug nach links.**
Die Familien brauchen gerade bei einer „wir-haben-zu-wenig-
Kinder Situation" mehr Unterstützung und das
Hauptproblem ist wirklich nicht die Anerkennung der
angeblichen 25 Geschlechter oder ob die Homosexuellen eine
registrierte Partnerschaft oder Ehe haben sollen, das sollte
wirklich nicht vorrangig sein in der Zeit des
Kinderschwundes.

## Kinderlosigkeit soll sich nicht so sehr lohnen

Erst wenn es sich nicht so sehr lohnt, wird es weniger Singles,
weniger Kinderlose und mehr Kinder geben. Das Problem ist
vielleicht, das auch die immer mehr herrschende
linksprogressive Ideologie Kinderlose und untraditionelle
Formen des Zusammenlebens mehr und mehr bevorzugt. Die
Kinderlosen haben mehr Geld und Zeit, und sie gehen dann
auch öfter in die Politik, wo sie ihre Lebensweise als Vorbild
geben.
Diskriminierung der Menschen, die andere Lebensweise
bevorzugen, ist natürlich nicht in Ordnung, sie ist heute in
Europa Ausnahme, diese hat sich jedoch in den letzten Jahren
in **faktische Diskriminierung der Familie** umgewandelt.
Wieder eine Wand-zur-Wand Politik.

Und die angeblichen Konservativen machen bei dieser extrem linken Politik oft mit. Dann bleibt nichts anderes übrig, als uns ersetzen zu lassen, die Umvolkung bleibt bei der linken Politik eher die einzige Alternative (falls klug gemacht, nicht so wie heute), um die Renten zu sichern. **Die Pensionsfrage der Zukunft in Kürze lautet: Familienunterstützung oder Umvolkung.** Die (eher sozialistische?) Einheitspartei hat sich für das Zweite entschieden, und die einzige größere Partei, die den anderen Weg gehen möchte, wird in die „rechte Ecke" gestellt, ostrakisiert und diffamiert, auch von der gleichgeschalteten Lückenpresse. Der einfache Wähler ist verunsichert, die traditionellen Parteien unterstützen die progressive neulinke Politik und die einzige Alternative wird – bisher oft erfolgreich – als etwas Böses dargestellt.

## Unter 2 Kinder pro Frau genügen

Auch wenn eine neue Familienpolitik ein bisschen weniger als 2 Kinder pro Frau im Durchschnitt erzielen würde, ist das kein Problem mehr. **Die Bevölkerung der Erde kann nicht unendlich wachsen, ohne Folgen auf die Umwelt, CO2, Frieden, usw.** Wir brauchen nur, dass die Bevölkerung nicht zu schnell schrumpft. Als Arbeitskräfte helfen bald mehr und mehr Roboter (die auch versteuert werden können) und wir sollten mehr Zeit den Kindern statt Karriere widmen – mindestens die, die diese Lebensweise bevorzugen, können es sich jedoch nicht immer leisten.

**Anreize zu schaffen wäre nicht so schwierig – wir geben zu viele Gelder aus, um sogar Firmen und bizarren NGOs Subventionen zu zahlen, statt den Familien. Das ist natürlich nicht nur ungerecht, sondern auch unvernünftig. Sehr viele Gelder können an die Familien relativ schnell umgelenkt werden,** aus den EU-Töpfen und aus dem eigenen Staatshaushalt (Beispiel Polen zeigt, dass das funktionieren kann). Man muss nur den politischen Willen zur vernünftigen Politik finden.

**Zusammenfassung.** Dieser Grund der Masseneinwanderung ist unwahrscheinlich, falsch durchgeführt und nicht alternativlos. Seine effektive Erfüllung muss dazu noch etwas egoistich und asozial gegen den Einkommenden gestaltet werden, und deren Interesse für Familiennachzug und Rentenkassenbelastung statt nur Einzahlung muss diese eher verhindern, sonst wird der Ziel Pensionssicherung nicht erreicht. Die Merkelsche Immigration, die vor allem in den Jahren 2015-16, aber auch noch danach die Gesellschaft veränderte, entsprach diesen Anforderungen gar nicht oder wenig. Falls dies wirklich der Hauptziel war, wurde das sehr unprofessionel gemacht, so ist kein Wunder, dass das Ziel bisher nicht erfüllt worden ist. Der wahre Grund der unfassbaren Flüchtlingspolitik wird daher eher woanders liegen.

GRUND 4:
# EUROPÄISCHE WERTE UND DOPPELMORAL

*Die Willkommenskultur und auch die EU-Eliten sehen noch einen für sie gültigen Grund der Masseneinwanderung. Wenn Moralgründe oder Rechtspflicht nicht überzeugend wirken oder in die andere Richtung zeigen, haben die Eliten noch eine Zauberformel, die sie oft aus dem Instrumentarium-Gepäck herausholen: <u>Europäische Werte</u>.*

Wenn Gesetze etwas anderes sagen, müssen Gesetze aus dem Weg und näher undefinierte Werte haben plötzlich Vorrang. Wieso? Schwierig zu erklären, niemand versucht dabei etwas zu erklären oder konkrete Werte aus den Verträgen zu nennen und zu belegen. Die Zauberformel soll wirken, wie sie ist, ohne Erklärungen.

Europa ist gut und muss Gutes tun. Was gut ist, bestimmen die Euro-Eliten, nicht die Wähler, nicht die Gesetze, nicht gemeinsame Vereinbarungen, mindestens so scheint es. Wer hat hier das Bestimmungsrecht: es gilt einfach Recht des Mächtigeren wie im Dschungel, **im Alleingang oder Gruppengang**. Wo stehen diese **Gänge** in den EU-Werten? Nirgend. Ist das nicht ein bisschen gegen die wirklichen europäischen Werte? Ja, aber wenn *europäische Werte* im Konflikt mit europäischen Werten sind, dann gewinnen gerade die *europäischen Werte*. Welche? Na klar – die, die von den Mächtigeren als wichtiger bezeichnet oder anders ausgelegt werden.

## Optimismus damals

OK. Spielen wir das Spiel auf europäische Werte ein bisschen mit und enthüllen wir dabei die unglaubliche Doppelmoral, die hier stark heraustritt. Ich habe einmal über Beitritt zur EU gestimmt, und zwar positiv, **ohne zu wissen, dass es sich irgendwo ein europäischer Wert versteckt, dass man in Europa alle einreisewilligen Menschen aus anderen Kontinenten für immer aufnehmen und umverteilen muss,** und dass eine pro-EU-Stimme auch eine pro-Masseneinwanderungstimme ist.

Nirgends habe ich so etwas gelesen, niemand hat darüber damals gesprochen, diskutiert, im Westen oder Osten. Aber ich wusste bereits damals, dass ich nie imstande bin, alle Rechtsnormen der EU zu lesen (geschweige denn zu verstehen) und dass es bei der Menge, Intransparenz und Ausmaß sogar niemand imstande ist, einschließlich die Juristen. Dass wir da in einem unfassbaren Brei tief stecken, dass es Probleme geben wird.

Ich wusste bereits damals, Vieles in der EU ist nicht in Ordnung und gerade deswegen verlangsammt sich die EU-Wirtschaftsleistung von Jahrzehnt zu Jahrzehnt, jedoch glaubte ich fest daran, dass wenn etwas nicht in Ordnung ist und sogar Samen der Selbstvernichtung beinhaltet, wird sich das schrittweise regeln und verbessern, da „dort oben" in den EU-Etagen keine Dummchen sitzen und „unten" keine Wähler, die staatsgläubig als Schafe alles dulden werden. Die Menschen „oben" und „unten" wollen doch Europa und die EU nicht vernichten, sie müssen also einen Weg finden. Und wenn man etwas finden muss, dann findet man das. Daran habe ich damals gedacht, meine Stimme für EU-Beitritt Tschechiens in die Wahlurne werfend.

Dies scheint jetzt (und auch mehrmals vorher) leider nicht der Fall zu sein. Man bricht Gesetze, agiert gegen eigene Verfassung in dem dominierenden EU-Staat, gegen gemeinsame Vereinbarungen – und - pikanterweise - auch gegen europäische Werte mit *europäischen Werten* im Munde.

## Die EU-Werte aus den Verträgen

Welche EU-Werte haben wir in den Verträgen, also gesetzlich verankert? Diese nur zu lesen und nicht in der EU zu wohnen und zu wissen, wie das Ganze wirklich abläuft, könnte bei manchem Nicht-EU-Bürger zu Neid führen: „Die in der EU haben ja schöne Werte, das ist eine Gemeinschaft, die sich jeder Staat als Vorbild nehmen soll." Hm. Wir leben jedoch in der EU und können ab und zu sehen, diese Werte sind oft nur auf dem Papier.

Welche sind das? Auf der Webseite *europa.eu* stehen diese: **Würde des Menschen, Freiheit, Demokratie, Gleichstellung, Rechtstaatlichkeit und Menschenrechte**. Dagegen kann man nichts einwenden, nur die Verwirklichung fehlt ein bisschen zu viel.

**Würde des Menschen** gibt es noch meistens. Leider nicht immer. Ich war sehr erstaunt, als ich in den deutschen Medien las, dass ein öffentlich-rechtlicher Fernsehsender eine AfD-Politikerin als „Nazi-Schlampe" bezeichnete, obwohl dies klar gegen die Würde des Menschen und auch gegen die Wahrheit verstößt. Diese sog. „Satire" endete vor dem Landgericht Hamburg und die Politikerin konnte nicht einmal eine Entschuldigung gewinnen. Eine solche *Attacke ad personam* ist also unbestraft und ohne Entschuldigung möglich und in die Meinungsfreiheitschublade durch das Gericht eingesteckt. Meistens geht das nur gegen die AfD. Auf der anderen Seite werden kritische Stimmen gegen politische Entscheidungen oder rein politische Diskussionsbeiträge gelöscht, obwohl keine Attacken ad personam. Doppelmoral? Ja. Beim intransparenten Recht ist leider alles möglich, es hängt dann mehr vom Richter ab, als von dem Gesetz.

Wie es mit dem Wert **Rechtstaatlichtkeit** ist, diskutierten wir bereits im Kapitel <u>Rechtspflicht</u>. **Freiheiten** sind in der EU auch oft eingeschränkt – Meinung (sog. Zensurgesetz), Wissenschaft, Wirtschaft usw. In dem nördlichen Multikulti-EU-Land Schweden gibt es bereits Fälle, wo Menschen für Kritik der Multikulti-Regierungspolitik entlassen worden sind (Prof. Göran Adamson, zum Beispiel, siehe <u>Literatur</u>). Dazu noch ist die **Freiheit** der Wissenschaft und Forschung durch Einseitigkeit der Fördergelder total verzerrt und verringert. Man muss „die richtigen" Ansichten haben, sonst wird man ostrakisiert, nicht nur in Bereichen Ursachen der Klimaveränderungen und Multikultipolitik. Es ist so sehr ähnlich dem, was die Kommunisten getan haben, dass uns dann nicht mehr wundern kann, wenn der EU-Kommissionschef nach Trier fährt, um eine **Karl-Marx-Statue** feierlich zu installieren. Wie symbolisch! Ohne dabei auf Gefühle der 11,5 von 28 EU-Staaten Rücksicht zu nehmen, die unter „Diktatur des Proletariats" (Erfindung des Herrn Marx) leben mussten.

## Ungleichstellung durch Fördergelder

Wie steht es mit der **Gleichstellung**? Beispiel: Zwei Bäcker in einer Stadt. Der eine bekommt EU-Fördergelder, da er sich auskennt oder richtige Verknüpfungen hat, und der andere nicht. Der andere zahlt Steuern, die dann zum Teil dem Konkurrenten über die EU-Umverteilung fließen. Der andere ist wirtschaftlich vernichtet oder im Wettbewerb weit nach unten abgeschlagen. Ist das Gleichstellung, was da die EU mit den Fördermitteln für private Unternehmen betreibt? Natürlich verstößt das gegen jede Gleichstellung, es ist Marktverzerrung gegen die EU-Werte. Und natürlich betrifft das nicht nur zwei vorher gleichgestellte Bäcker. Dabei ist dies die offiziele EU-Politik, nicht etwas, was auf dem Markt von selbst vorkommt.

Kann der beschädigte Bäcker dagegen beim Gericht klagen und gewinnen? In einer Rechtsdschungel mit Zehntausenden oder sogar Hunderttausenden intransparenten Vorschriften ist alles offen und unklar, siehe Kapitel <u>Rechtspflicht</u>. Es gilt manchmal Recht des Mächtigeren, und der glaubt, er kann Gleichstellung mit Umverteilungen sprengen, mit Gleichstellung im Munde. Worte verlieren im Gesetzdschungel ihren Inhalt.

## Hauptwerte, die Vorrang haben müssen

Ich habe gedacht, und denke immer noch, es gibt gemeinsame Werte, die Vorrang vor allen anderen haben und haben müssen. Werte, die man nicht brechen kann. Z. B. **Rechtsstaatlichkeit**: man darf nicht einfach *Dublin III* ohne Konsequenzen von einer politischen Position brechen, man kann nicht gegen die deutsche Verfassung, Absatz 16A agieren, man kann nicht machen, was man will, nur weil man im Amt sitzt.

Man kann nicht gegen Maastrichter Stabilitätskriterien agieren, die überhöhte Defizite und überhöhte Verschuldung verbieten, man kann nicht einige Staaten der Euro-Zone aus den Töpfen der anderen „retten", das ist rechtlich nicht möglich. (Der Maastricht-Vertrag soll inzwischen 68 mal gebrochen worden sein, wobei die Schuldenkriterien in zwei Ländern bereits **doppelt** überschritten worden sind, also statt 60 % des BIP über 120 % liegen und da droht die EU Kommission nicht, wie z. B. bei den Flüchtlingsquoten). Jedoch in der Wirklichkeit geschieht genau das und nichts passiert dagegen. Als ob die Rechtsnormen nicht mehr des Papiers Wert hätten, auf dem sie gedruckt sind.

Nicht zu vergessen: **Demokratie** gehört unbestritten zu den wichtigsten europäischen Werten, die Vorrang vor ideologischen Werten in Europa haben sollten. Die EU-Häuptlinge ignorieren Demokratie zu oft, Referenden und Volksvetos sind unwillkommen, und wo diese geduldet werden müssen, finden diese ab und zu zweimal statt, bis das „richtige" Ergebnis vorhanden ist. Man könnte das sogar witzig bezeichnen als
**Direktdemokratieunwillkommenskultur.**
So auch in diesem Fall einer großen demografischen Veränderung - man fragt die Wähler nicht, die „oben" wissen ganz elitär „besser", ohne die Menschen und sogar ohne ihre Abgeordnete zu konsultieren, nicht unähnlich dem Kaiser, Pharao, Führer ohne Führerschein oder Generalsekretär der KPdSU mit seinem Politbüro, im Alleingang oder Gruppengang. Alle diese haben sich bereits gewaltig geirrt und viel Leiden verursacht, in ihren Ländern und auch draußen. Die EU-Häuptlinge haben sich auch vielmals geirrt, ein blinder Glaube ist daher nicht sehr vernünftig.

Wobei aus den Umfragen klar zu sehen ist, auch trotz aller Bemühungen, die Massenmedien in dieser Frage zu kontrollieren, was die Menschen wollen und was sie nicht wollen. Die Mehrheit der Einwohner (West und Ost, mit wenig Unterschied) spricht sich gegen die Masseneinwanderung ganz eindeutig aus. Falls jemand über europäische Werte spricht, meint er sicher auch Demokratie und Mehrheitsbeschluss in wichtigen Fragen, oder gelten hier die EU-Werte irgendwie umgekehrt?

## Einige Zahlen aus Umfragen

Eine Umfrage hat **Project 28** im Jahre 2017 durchgeführt und festgestellt, dass Europäer relativ einig in ihren Ansichten zur Masseneinwanderung sind. (Die Lückenpresse findet da oft große Unterschiede zwischen Ost und West, die nicht existieren).

Diese Umfrage fand heraus, dass 76 % der Befragten glauben, dass die EU die Flüchtlingskrise schlecht und nicht nachhaltig gehandhabt hat. In keinem einzigen befragten Land gab es eine Mehrheit, die das Gegenteil sehen würde.

## Raum Italien - Wasser fließt hinein

Eine andere Umfrage in Italien, die Il Messagero im Jahre 2017 veröffentlichte, spricht über 67 % der Italiener, die die Hafen Italiens für Rettungsschiffe geschlossen sehen wollten und die Flüchtlinge (ohne Neusprech in Wirklichkeit: wirtschaftliche Migranten), die nach Italien überfahren werden, deportiert sehen wollten, und 61 % waren sogar für eine Marineblockade der lybischen Küste.

Die damalige linke italienische Regierung hat dies lange ignoriert und die Lösung stattdessen in einer Umverteilung in weitere EU-Länder gesehen. **Stellen wir uns das vor: EU-Haus, Raum Italien, das Wasser fließt durch ein Loch hinein. Andere Räume möchten gerne helfen, bieten Hilfe an, um dieses Loch zu verstopfen, der damaliger linker Direktor des Raums Italien will davon nichts hören, spricht über mangelnde Solidarität und Egoismus und pocht darauf, dass das Wasser in andere Räume umverteilt werden muss.** Menschen sind kein Wasser natürlich, aber das Prinzip ist dasselbe. Und, wie wir im Kapitel <u>Moral</u> gesehen haben, dies ist auch gegen Interessen der Menschen, die „dort unten" bleiben müssen, da sie kein Geld für den Schlepper haben und da Europa sowieso nicht alle aufnehmen kann.

## Noch weitere Zahlen: Eliten vs. Bevölkerung

Eine Studie des britischen **Chatham House** (6/2017 veröffentlicht, 12/2016-2/2017 gemacht) wirft etwas Licht auf die *Unterschiede in Ansichten der Eliten und der Bevölkerung*, was die Einwanderung aus den vorwiegend muslimischen Ländern betrifft. 10 000 Einwohner und 1800 Personen von den Eliten (Politiker, Medien, Wirtschaft und Zivilgesellschaftsorganisationen) in 10 Ländern der Europäischen Union, sogar meistens im Westen der EU (Belgien, Deutschland, Frankreich, Griechenland, Italien, Österreich, Polen, Spanien, Ungarn und Großbritannien) wurden befragt.

56 % der Einwohner (jedoch nur 32 % der Eliten) wollten diese Einwanderung stoppen und 55 % der Einwohner (und 35 % der Eliten) glauben, dass die islamische Lebensweise mit der europäischen nicht vereinbar ist.

83 % der Einwohner (und 61 % der Eliten) sind für Burka-Verbot. „Diese Einwanderung ist gut für mein Land", dafür waren 57 % der Eliten, jedoch nur 24 % der Bevölkerung. 30 % bzw. 35 % der Eliten glauben, dass diese Einwanderung Kriminalität erhöht hat resp. Sozialsysteme belastet. Die Einwohner sind hier auch skeptischer: 54 bzw. 55 % sind dieser Meinung. Die Umverteilungsquoten der Flüchtlinge befürworten 49 % der Einwohner und 63 % der Eliten, am meisten in den Ländern mit hohem Zufluss der Flüchtlinge (Griechenland 68 %, Italien 66 % und Deutschland 62 %, in Ungarn sind es nur 19 % und in Polen 15 %).
Die Eliten sehen dies leider anders und ignorieren dabei die Wünsche der Wähler, diesmal mehr im Westen, oder kann man das anders interpretieren? Keine großen Ost-West-Unterschiede gibt es hier, außer der Frage, ob man umverteilen sollte, was – wie weiter beschrieben wird – sehr problematisch in mehreren Hinsichten ist.

## Das Umverteilungsmärchen ist realitätsfern

Erstens wollen die Menschen nicht da, sondern dort: kann man sie so einfach schieben, nach Willen der Politiker? Falls ja, kann man diese in der EU der offenen Grenzen und Reisefreiheit auf einem Ort halten (mit Fesseln oder wie?) oder geht das nicht? Wirkliche Flüchtlinge sind gerne, im 1. sicheren Land bleiben zu können, was sich meistens nicht in der EU befindet. Und die anderen sollten gar nicht umverteilt, sondern abgeschoben oder mindestens sorgfältig gefiltert werden.
Auch wenn alles ab und zu klappte und diese Menschen wurden trotzdem umverteilt, sie gingen danach blitzschnell in die Länder, die ihnen mehr Geld geben und die ihnen leider auch ermöglichen, in einer Parallelgesellschaft zu leben, da diese dort bereits besteht. Also in die Länder, wo sie sich nicht integrieren müssen: an einigen Orten in Deutschland, Schweden, Großbritannien, Belgien usw.

Es gibt unangenehme Bilder, wenn sogenannte Flüchtlinge
aus Frankreich nach Großbritannien „flüchten" wollen, für
jeden Preis (auch durch kriminelle Taten gegen LKW-Fahrer),
als ob das erstgenannte Land nicht sicher wäre. *Aus dem
neunten ins zehnte sichere Land.* Jeder sieht daran ganz
eindeutig, es geht nicht um Sicherheit und nicht um wirkliche
Flüchtlinge, die dankbar für das erste sichere Land sind.
Nicht die Flüchtlinge (ohne Neusprech: wirtschaftliche
Migranten) sind schuld, sondern die *Zielländer, die Honig
aufgestellt haben* und dann wundern sich sich (wirklich oder
naiv, oder nur als geschickte Polit-Show für eigene Bürger).

## Warum Umverteilung nicht funktionieren kann

Umverteilung der Einwanderer kann nie funktionieren und
das wurde auch bereits mehrmals in Praxis bewiesen.
Genauso wie es oft nicht funktioniert, Flüchtlinge isoliert in
einem deutschen Dorf anzusiedeln, wo nur Ureinwohner
leben. Man sieht dann oft statt Integration, dass Flüchtlinge in
die Stadt wollen, in die Nähe der Parallelgesellschaft. So ist es
auch nicht möglich, diese Menschen nach Polen oder Litauen
massenweise zu übersiedeln, ohne Parallelgesellschaften zu
bilden. Ein Grund mehr als im deutschen Dorf ohne
Parallelgesellschaft gibt es noch: die deutsche oder
schwedische Willkommenspolitik gibt ihnen viel mehr Geld
und andere Anreize. Jeder würde lieber dort gehen, die
Flüchtlinge können dafür nicht, die deutsche
Willkommenskultur jedoch ganz eindeutig.
Da die EU-Häuptlinge sehen, dass da *irgendetwas* nicht
funktioniert, wollen sie die **Sozialgelder für Flüchtlinge
angleichen. Auf das deutsche/schwedische Niveau in
Tschechien?** Dann würde ein Flüchtling mit Familie dort
mehr bekommen, als mancher VW-Arbeiter.

Oder auf das tschechische Niveau in Deutschland? Dann kommen eben fast keine Einwanderer ins „achte sichere Land Deutschland" und Problem gelöst. So meinen es die EU-Häuptlinge jedoch nicht, woraus sich ergibt, dass sie die Einwanderung stimulieren wollen.

Auch wenn das alles nicht wahr wäre, es gibt keinen Grund, gegen Wille und gegen demokratische Mechanismen Menschen aus anderen Kontinenten in ein Land zu schieben, wo man diese nicht haben will. Trotzdem ist diese Politik für die Eliten _irgendwie wichtiger_ als z. B. Abbau der Schulden und Finanzstabilität. Man kann sich nur wundern, warum?

Als ob da die Wähler nicht wichtig sind, auch wenn man Spannungen erzeugt und Länder verlassen die EU und andere sind am Rande desselben. Da geht was schief in den Köpfen der W-Kulturmenschen.

Wo sind die europäischen Werte? Anderswo als sie uns gerne tausendmal wiederholen, einfach hier: **Demokratie ist der Hauptwert Europas.**
**Meinungsfreiheit. Konsens. Rechtsstaat. Aber kein <u>Recht auf Asyl im achten sicheren Staat, oder umverteilt ins neunte sichere Land</u>, so ein europäisches Wert gibt es meiner Meinung nach nicht und schon gar nicht für die wirtschaftlichen Migranten.** Was ist ihre Meinung? Ist unsere Meinung noch irgendwie wichtig?

## Doppelmoral wo du hinblickst

Dabei läuft eine unglaubliche Kampagne, die Lückenpresse hat da nicht sehr bunte Meinungen, andere Meinungen werden öfters ausgegrenzt als diskutiert.

Wer mit dieser Politik der Gewalt und Drohungen innerhalb der EU nicht einverstanden ist, ja sogar wer sich erlaubt, _Schengenregel zu respektieren_ und illegale Einwanderung mit einem Zaun zu unterbinden, an den wird mit dem Finger gezeigt und gesagt, dass er irgendwie stinkt.

Ungarn hat einen Zaun gebaut, um illegale Einwanderung zu unterbinden. Scharfe Zunge da, scharfe Zunge dort – schockierend viele Politiker Westeuropas haben Ungarn kritisiert wie nie zuvor. Ja sogar einer, der damals Österreichs sozialdemokratischer Spitzenpolitiker war. Was daran sehr komisch war, jedoch **nie von der Lückenpresse berichtet**: dieser hat dann selber einen Zaun ein paar Monate später auf der österreichischen Grenze gebaut. Und diesmal sogar auf einer inneren Grenze des Schengenraums der EU, was im Vergleich zum Zaun an der Außengrenze ein viel stärkerer Kaffee ist und ganz andere Zusammenhänge inmitten einer einheitlichen Währungszone hat.

Und noch komischer – er oder seine Umgebung und die Lückenpresse **haben den Zaun nicht Zaun genannt** (so ein ekelhaftes Schimpfwort), **sondern bauliche Maßnahmen**! Das Böse des Zauns war mit diesem Sprachzauber beseitigt und besiegt. Doppelmoral? Ja, aber für die Lückenpresse kein Thema. Niemand hat sich bei Ungarn entschuldigt, die Kampagne ging weiter, und auch gegen Polen.

## Doppelmoral über polnische und westliche Medien

Polen hat sich demokratisch im Parlament entschieden, etwas mehr Kontrolle über die öffentlich-rechtlichen Medien zu übernehmen. Die vorige Regierung hatte fast ausschließlich ihre Gesinnungsmenschen in diesen Medien, die Berichterstattung war einseitig wie in den Massenmedien Deutschlands, da auch die meisten Privatmedien dieselbe Linie folgen. Die neue Regierung wollte das ändern, und sie hat die Medienlandschaft damit eigentlich bunter gemacht. Beide Seiten haben jetzt ihre Medien, die Einseitigkeit ist weg (wobei in den privaten Medien immer noch vorwiegend die umgekehrte Haltung dominiert, also zusammengesehen sind jetzt polnische Medien politisch viel bunter als die Medien im Westen Europas). Und aus den deutschen gleichgeschalteten Massenmedien startete eine unglaubliche Kampagne.

Einige polnische Medien haben dabei daran aufmerksam gemacht, dass z. B. in Luxemburg das einzige öffentlich-rechtliche Rundfunk unter noch mehr Kontrolle der Regierung steht. Der Direktor wird direkt von der Regierung ernannt. Das Radio wird auch direkt vom Staat bezahlt und es kann mehr oder weniger Geld bekommen (ein Instrument der Kontrolle). Also die **Luxemburger Regierung hat damit auch viel mehr Kontrolle über öffentlich rechtliche Medien als die polnische Regierung**, die Lückenpresse stört das in keinem Fall, sie schweigt dazu.

Was in einem „alten" EU-Land ohne Kampagnen gegen das Land erlaubt ist, ist es in Polen nicht, weil dieses Land auch kritische Stimmen gegen die Masseneinwanderung gestattet. Somit startete eine unglaubliche Kampagne in den deutschen/europäischen Hauptstrommedien. **Doppelmoral? Eindeutig. Für die Lückenpresse kein Thema.**
Dabei ist auch bei den deutschen öffentlich-rechtlichen Medien nicht alles in Ordnung, Pluralität ist in einigen Fragen sehr selten, es wird regierungsunkritisch und linientreu berichtet und es gab auch mindestens einen Fall, wo eine Journalistin (Claudia Z.) plötzlich Probleme hatte, nachdem sie über die Gleichschaltung offen im niederländischen Radio gesprochen hat. Ihre Aussage braucht man nicht, um zu wissen, dass die Berichterstattung in deutschen Massenmedien in vielen Hinsichten nicht politisch bunt ist, was die Flüchtlingspolitik oder auch z. B. Klimaschutzpolitik angeht.
Ob die Gleichschaltung automatisch und zufällig passierte (daran glaube ich eher nicht) oder irgendwie dirigiert wurde, darüber kann man nur spekulieren. Dabei ist jedoch peinlich, dass die gleichgeschalteten Medien den Mut haben, die immer noch buntere Medienszene Polens zu kritisieren, und zwar so kampagneartig als ob von oben angeordnet.

**In Polen gibt es Fernsehstationen, die pro-Regierung, und andere, die pro-Opposition gerichtet sind. Das sieht man in Deutschland eher nicht mehr,** nur bei kleineren Medien.

## Doppelmoral auch bei gemeinsamen EU-Regeln

Einige EU-Regeln sind wichtiger als andere, haben die ostmitteleuropäischen Staaten festgestellt. Zum Beispiel wenn ein Staat die (meiner Meinung nach für den Euro lebenswichtigen) Regeln über Verschuldung und Defizite bricht, passiert nichts. Wen die No-Bail-Out Klausel (Hilfe einem Euroland aus Taschen der anderen ist nicht erlaubt) gebrochen wird, passiert auch nichts.

Die EU-Hunde bellen nur, wenn die ostmitteleuropäischen Staaten keine  oder nur ein paar Flüchtlinge im Rahmen der angeordneten Umverteilung aufnehmen. Da ist plötzlich die Hölle los, weil das für jemanden (warum bitte?) viel wichtiger ist als die Finanzstabilität Europas. Doppelmoral? Ja, natürlich. Man muss sich dabei immer wieder die Frage stellen, warum dies so wichtig ist, wichtiger als die Finanzstabilität. Die Lückenpresse stellt sich die Frage nicht. Es war jedoch nicht so, dass die V4-Länder niemanden angenommen haben. Sie nahmen Hunderttausende aus der Ukraine (es sterben dort Menschen im Krieg, immer noch jede Woche, ohne das die Lückenpresse darüber berichtet).
Sie nahmen sogar einige aus dem Nahen Osten freiwillig, direkt aus den Ländern wie Irak. Irakische Christen hat z. B. Tschechien und Polen angenommen, Wohnungen zur Verfügung gestellt, Sozialhilfe usw. Die Bevölkerung war dafür, es waren Christen, die es im vorwiegend islamischen Land nicht ganz einfach hatten.

Jedoch: die meisten haben gewusst, was Deutschland auszahlt und wollten unbedingt weiterreisen. Das Programm ist gescheitert. Wer kann dafür? Meiner Meinung nach – die Gelder der deutschen Steuerzahler, die da jemand im 8. Sicheren Land gegen Artikel 16A der Verfassung anbietet, ohne sich bei der deutschen Bevölkerung überhaupt zu fragen. Tschechien hat sein Bestes getan, um diesen Menschen zu helfen. Polen hatte eine ähnliche Erfahrung.

## Litauens Quote nach Westen abgereist

Litauen hat die ganze Pflichtquote angenommen, soviel ich weiß. Jedoch 70 % der angenommenen sind weg – inzwischen meistens in Deutschland. Die Quoten funktionieren nicht. Der damalige tschechische Innenminister (sozialdemokratisch) hat sich beschwert, Italiens damalige linke Regierung hat ihm nicht ermöglicht, gründliche Sicherheitchecks bei den „quotierten" Flüchtlingen durchzufürhren.
Die meisten EU-Länder haben die Pflichtquote nicht völlig angenommen. Jedoch, die Hunde bellen nur auf Ungarn, Polen und Tschechien, anderen wird nicht gedroht. Ist das Doppelmoral oder nicht?

Manche in Tschechien haben vorgeschlagen: wir wurden bei Umverteilungsquoten überstimmt, zum ersten Mal in so einer heiklen Frage, wer auf unserem Gebiet aus Nicht-EU-Staaten leben darf oder nicht, es wird nur drei Ländern gedroht, obwohl viel mehr die Quote nicht einhielten. Trotzdem können wir alle ruhig auch ohne Sicherheitschecks aufnehmen.
Die Menschen bleiben in Tschechien sowieso nicht, weil Deutschlands Behörden sowieso mehr auszahlen und sowieso alle aufnehmen, auch die, die sie „ablehnen", werden „geduldet", mit Geld drauf.

Was andere Tschechen jedoch befürchten, sind keine paar Tausend Menschen einmalig, sondern **Erpressung zum ständigen Umverteilungsmechanismus** (siehe Kapitel Schmelztiegel Europa oder Umvolkung nach Plan).

## Eine Frage an die Willkommenskultur

Wenn die mitteleuropäischen Staaten und deren Wähler als egoistisch und ohne Herz von der W-Kultur bezeichnet werden, weil sie den Kriegsflüchtlingen angeblich nicht genug helfen wollen (eine Million Menschen aus der Ukraine zählen nicht?), staunen die Menschen dort und wissen, dass dies der Wahrheit nicht entspricht.

Und jetzt eine wichtige Frage: Würden die Staaten, die sich weigern, den deutschen und schwedischen Weg zu gehen, nicht anders und mehr entgegenkommend handeln, wenn sie wüssten, dass

**1) nur Kriegsflüchtlinge und Verfolgte in Europa aufgenommen werden, und**

**2) dass es sich hier um kurzfristige Hilfe handelt (z. B. auf 2 bis 5 Jahre befristet, bis der Krieg weg ist) und**

**3) dass es nicht eine starke Demografieveränderung für immer ist, ohne die Wähler direkt zu fragen?**

Gäbe es da ein Unterschied oder nicht? Doch, der Unterschied wäre sehr groß. Auch mit Umverteilung gäbe es in diesem Falle gar kein Problem. Die Tatsache, dass eigentlich nichts von diesen 3 Punkten gilt, sagt auch etwas über potentielle andere Gründe, die bei dieser Masseneinwanderung Rolle spielen können (Siehe Kapitel Schmelztiegel Europa oder Umvolkung nach Plan und andere).

## Die größte Lücke in der Ost-West-EU-Diskussion

Die gleichgeschaltete Massenmedienlandschaft hat ihre „Wahrheiten", die man nie anfechtet, da es niemanden gibt, der drinnen im System sitzt und gleichzeitig imstande ist (oder sich traut) diese „Wahrheiten" als „Unwahrheiten" durchzuschauen.

Eine davon war lange wiederholt, Ost und West, und obwohl nichts ferner von der Wahrheit liegen kann, sie ist perfekt akzeptiert.

Es ist dies:

**Länder wie Deutschland oder Schweden sind Nettozahler und Länder wie Tschechien, Polen, Slowakei, Ungarn oder Rumänien sind Nettoempfänger der EU-Gelder. Da es keine EU-Gelder sind, sondern Gelder der Steuerzahler, will man hier damit anscheinend sagen, dass westliche Steuerzahler den östlichen Steuerzahlern etwas geben. Und obwohl jetzt einige Leser Augenbrauen heben werden, dies ist natürlich nicht wahr.**

Aus dieser angeblichen Wahrheit folgen zwei Konsequenzen. Die erste (bisher benutzte) Begründung war, dass der Westen den Osten auf sein Niveau heben will, dass dies Solidarität ist (Gaben aus Freundschaft, oder – etwas mehr realistisch – für beide Weltseiten der EU günstig, da friedenstärkend, also gut für alle). Und Solidarität ist nicht ein Geschäft, etwas für etwas. Also zum Beispiel ein Geschäft im Sinne „wir zahlen und ihr schweigt und nimmt alles an, was wir bestimmen, unsere Kursänderung in der Politik ist auch Ihre Politik, automatisch, auch wenn nicht klug, da ihr doch das Geld von uns bekommt und etwas dafür geben musst." Das ist dann nicht mehr Solidarität, sondern Geschäft, und so ein Geschäft muss explizit und klar geregelt sein (was nicht der Fall ist). Nur kann man dabei nicht über Solidarität sprechen, wenn man etwas dafür erwartet. Solidarität ist dann ein unpassendes Wort. Jedoch: die ganze Überzeugung, das der ganze Westen den ganzen Osten der EU finanziert, ist einfach falsch.

Es gibt keine solche Geber-Nehmer Beziehung zwischen Ländern. Es gibt da nur einzelne Steuerzahler und einzelne Nettoempfängerfirmen und -personen, und – Welt wundere Dich? – es gibt EU-Nettozahler im Westen und EU-Nettozahler im Osten. Es gibt auch EU-Nettoempfänger im Westen und EU-Nettoempfänger im Osten.** Und es ist noch ein bisschen komplizierter. Es gibt auch noch **viele, sogar sehr viele westliche Nettoempfängerfirmen im Osten**, und es gibt **östliche Nettozahler im Westen**, von denen westliche Projekte profitieren, und so weiter. Das Märchen darüber, dass ein Land ein anderes (als Ganzes) finanziert, ist einfach Unsinn, Fakenews Nr. 1 der EU über diese undurchsichtige und extraktive Umverteilung.

## Stellen Sie sich etwas vor...

Und jetzt stellen Sie sich etwas vor. Sie sind ein Nettozahler im Osten Europas, sie bekommen nichts aus den EU-Töpfen (außer vielleicht dass man einige Autobahnen etwas mehr baut und sie fahren dort), auf jeden Fall bekommen Sie weniger als Sie in die EU-Töpfe bezahlen. *Und obwohl Sie ein osteuropäischer Nettozahler sind, wird ihnen vorgeworfen, dass Sie schweigen sollen und die unkluge Politik im Migrationsbereich nur bejahen können,* da Sie doch die Gelder (heuchlerisch als Solidarität bezeichnet) angeblich bekommen… Nicht sehr schön, und vor allem ist das eine Unwahrheit, die - tausendmal wiederholt – dadurch nicht zur Wahrheit wird. Viele glauben diese Unwahrheit trotzdem, da es ihnen die Massenmedien so sagen.

Auch wenn man uns alle in einen Topf wirft und Nettozahler und Nettoempfänger als eine Nettoempfängermasse bezettelt, sollte man sehr gut verstehen, dass die EU-Gelder eigentlich vor allem eine kleine Minderheit bekommt (nach Kriterien, die sehr intransparent sind) und die Mehrheit, auch im Osten, gehört zu den Nettozahlern.

**Diese Umverteilung ist sehr, sehr extraktiv, sie extrahiert Gelder von uns allen und gibt sie an eine Minderheit.** Dabei werden noch viele Finanzmittel verschwendet, und was noch schlimmer ist, es werden Projekte gebaut, die dann noch viele Jahre von den einheimischen Steuerzahlern subventioniert werden müssen, da sie wirtschaftlich unsinnig sind.

Und das ist auch noch nicht alles: ein Teil der Gelder wird genauso abgesaugt, wie im Fall Afghanistan im Kapitel <u>Unser Wohlstand</u> beschrieben. Dies ist traurig und trotzdem lese ich immer wieder im Osten und im Westen von der Willkommenskultur die Hetze, dass „die im Osten nehmen nur, geben jedoch nichts dafür". Können diese Menschen nicht absehen, welche Einwirkungen und Folgen diese Unwahrheiten haben? Solche Äußerungen (und intransparente Umverteilungen) führen früher oder später nur zum Zerfall der EU. Das angebliche Friedensprojekt endet dann an Konflikten, die niemand wirklich wollen kann.

## Umlenkung der Finanztransfers der EU

Kann man sich dann wundern, dass einige Journalisten Ostmitteleuropas sogar vorgeschlagen haben, dass diese EU-Transfers eigentlich besser den Armen in Afrika dienen würden? Kann sich die Willkommenskultur vorstellen, dass man die Migrationswelle so stoppen kann, dass die EU-Gelder **statt zur Bestechung der Ost-EU-Eliten** und **statt für multi/mono-kulturelle Ziele in Europa nach Afrika fließen, um ein gesundes System dort zu bauen?** (Siehe Kapitel <u>Unser Wohlstand</u>).

Es gibt bereits viele verschwendete Gelder und Subventionen auf der EU-Ebene. Auch wir im Ostmitteleuropa werden gerne sehen, viele von diesen sogennanten Überweisungen nach Osten abgeschafft zu sehen. Unglaublich? Doch, es ist wirklich so. **Nur ein Teil dieser Gelder geht an wirklich nützliche Projekte und der Rest erinnert eher an Diebstahl, Marktverzerrung und Korruption. Die sich dabei in der letzten Zeit noch als Erpressungswaffe enthüllt.** (Übrigens, am langjährigen Beispiel Griechenland kann man sehen, dass diese Umverteilung ihren Ziel, Angleichung des Wirtschafts- u. Lebensstandardniveaus, nie erreicht hat. Hier oder dort, es bekommen am meisten die Reichsten und es bezahlen alle).

---

*„Wir erwarten von ausländischen Regierungen, sich nicht in unsere inneren Angelegenheiten einzumischen."*
S. Seibert, Sprecher der deutschen Bundesregierung, im Twitter am 19. August 2017, zu einer Äußerung von Präsident Erdoğan über Deutschland.

***

*Dazu haben viele deutsche und polnische Twitterer geschrieben, dass auch von Polen oder Ungarn seitens der deutschen Bundesregierung dasselbe erwartet wird. Bessere Illustration der Doppelmoral kann es wahrscheinlich nicht geben, wenn bei anderen genau das stört, was man auch selber macht.*

GRUND 5:
# KRIEGE UND VERFOLGUNG

*Kriege und Verfolgung werden von der Willkommenskultur unter den Hauptgründen für die Masseneinwanderung angegeben. Dabei verschweigt man zu oft, dass die meisten illegalen Einwanderer von Ländern oder Gebieten kommen, wo es kein Krieg und keine Massenverfolgung gibt. Die Zahl und Ausmaß der Kriege in der Welt hat nach dem 2. Weltkrieg und bis jetzt wesentlich abgenommen, die Migration jedoch wesentlich zugenommen.*

Die Kriege sind kein Hauptgrund der heutigen illegalen Massenmigration, sonst würde man nur Kriegsflüchtlinge und Verfolgte aufnehmen, am besten im ersten sicheren Land mit Hilfe anderer Länder. Diese Masseneinwanderung ins **„achte sichere Land"** ist jedoch alles andere als das, wie wir bereits mehrmals gezeigt haben.
*Beispiel Italien 2016:* Weniger als 2,7 % der Einwanderer im Jahre 2016 (rund 4800 von 182 000) haben nach UNHCR in Italien Asyl bekommen, wurden also als wirkliche Flüchtlinge anerkannt.

Die Hälfte der ganzen Menge tauchten unter als *clandestini* in dem illegalen/schwarzen Arbeitsmarkt (siehe Kapitel Arbeitskräfte und Pensionspolitik durch Einwanderung) oder „gingen illegal weiter". Von der anderen Hälfte wurde den 54 Tausend Menschen ihr Asylantrag abgelehnt und rund 30 Tausend bekamen von der linksprogressiven Regierung humanitären oder subsidiären Schutzstatus.

Wir wissen bereits, dass die Migration den Ärmsten dieser Welt nicht hilft (und diese sogar beschädigt, siehe Kapitel Moral) und dass dieselben Gelder, die dafür in Europa ausgegeben werden, woanders zwei- bis dreißigmal soviel wirklichen Kriegsflüchtlingen helfen konnten, und das es auch kein Rechtsgrund dafür gibt, in einem siebten oder achten sicheren Land Asyl zu beantragen. Trotzdem wird diese Politik weiterverfolgt, mal mehr und mal weniger, und zwar oft mit falschen angegebenen Gründen. Kriege, die so oft zitiert werden, gehören bei den meisten illegal Eingewanderten nicht zu dem Grund ihrer Flucht.

## Kriege haben abgenommen

In diesem Kapitel möchte ich nur kurz belegen, dass es heute viel weniger Kriege und Kriegsbetroffene gibt als in der Vergangenheit, auch wenn viele Anderes in den Massenmedien gelesen, gehört oder gesehen haben. Der Grund für das falsche Bild sind die Lückenmedien, die heute anders als vor Jahrzehnten arbeiten und brutalere Bilder zeigen, sodass es dann aussieht, dass es heute viel schlimmer als je zuvor ist.

Auch wenn es aus den Massenmedien (Lückenpresse) nicht so aussieht, steigen die heutigen Migrationstendenzen meistens ohne klaren Zusammenhang mit der Zahl und Intensität der Kriege.

Wie bereits erwähnt, hat sogar in der größten Welle des Jahres 2015 die ungarische Polizei 104 Länder gezählt, aus denen die illegalen Einwanderer gekommen sind. Die deutsche Lückenpresse hat dies – soviel ich weiß – nie erwähnt, in Ostmitteleuropa wussten wir das jedoch seit Anfang. In der absoluten Mehrzahl dieser 104 Länder gibt und gab es damals keinen Krieg und keine Massenverfolgung. Auch damals waren die meisten von den Einwanderern Wirtschaftsmigranten. Ihre Länder waren weniger wirtschaftlich stark als die meisten Länder Europas, wobei praktisch alle bereits bevor Anreise nach Ungarn wussten, dass sie Deutschland aufnimmt und königlich bezahlt und vielleicht haben sie sogar gewusst, dass auch im Falle der Ablehnung ihres Asylantrags meistens nichts passiert und sie bleiben und beziehen das Geld weiter. Wer dies nicht ausnützen würde, müsste eher dumm sein.

## Unsere Welt in Daten: Krieg und Frieden

Die besten Grafiken zu diesem Them kann man auf der Webseite Ourworldindata.org finden, vor allem hier: https://ourworldindata.org/war-and-peace/

Die Grafiken dort zeigen, ***dass wir heute in der friedlichsten Zeit seit mehr als 600 Jahren leben, und zwar weltweit*** - mit Ausnahmen natürlich, die das erste sichere Land außer Europa haben und wo auch mit unserem Geld viel mehr direkt betroffenen wirklichen Flüchtlingen geholfen werden kann.

Die Zahl der Kriegstoten weltweit war bisher nie so niedrig in der ganzen langen Zeit. Und es ist wahrscheinlich, dass wir nie in so friedlichen Zeiten gelebt haben als jetzt. Das gilt nicht nur für die Zahl der Toten, sondern auch für Konflikte zwischen den Großmächten, und so weiter.

Die Zahl der Toten in Kriegen ist in diesem Jahrhundert viel niedriger als in der zweiten Hälfte des 20. Jahrhundert, was bereits niedriger war als in der ersten Hälfte des 20. Jahrhundert, auch auf ein durchschnittliches Jahr durchgerechnet. Auch Tödlichkeit der Kriege ging fast linear und stark zurück, Jahrzehnt nach Jahrzehnt bis jetzt.
Eine Grafik zeigt die Verteilung nach Regionen der Welt: es beteiligen sich auf dieser positiven Entwicklung alle Kontinente, nicht nur Europa und Nordamerika. Das alles heißt nicht, dass wir genug getan haben – es gibt noch einige Konflikte, die gelöst werden sollten. Trotzdem ist es bei jedem Vergleich mit der Vergangenheit *klar, dass Kriege abgenommen haben, wobei die Massenmigration zugenommen hat*. Der Grund liegt woanders und die Lückenpresse sollte nicht manipulativ das Gegenteil andeuten oder behaupten.

## EU als Versicherung gegen Kriege?
Für Europa hören wir oft die Antwort, dass es keine Kriege gibt, da wir doch die Europäische Union haben. Falls dies stimmt, genügt es, aus der ganzen Welt eine solche Union zu machen und Kriege sind weg? Oder ist es ein bisschen vereinfacht oder verdreht? Liegen die Gründe auch für Europa woanders? Drohen uns auch hier noch Kriege?

Wenn wir uns die EU vor zehn oder mehr Jahren ansehen würden, könnten wir vielleicht das Gefühl haben, dass dies stimmt. Wenn wir uns die EU heute ansehen, müssen auch die unverbesserlichen Optimisten zugeben, die Beziehungen waren innerhalb der Europäischen Gemeinschaft nie so schlecht, wie sie jetzt sind. Und das war vorauszusehen aus der Politik, die die EU seit Maastricht und vor allem seit der Flüchtlingskrise macht.

Man kann nicht gleichzeitig mehr unter einem Dach
vereinigen und die Entscheidungen darüber zentralisieren,
ohne glaubwürdige demokratische Mechanismen zu schaffen.
Wenn man die Menschen mehr und mehr aus einem
Machtzentrum reguliert, mehren sich dann auch Konflikte.
Wenn es so viele (und immer mehr) dicke Rechtsnormen gibt,
die keiner nur noch lesen kann und wenn die Eliten beliebig
gegen diese Normen verstoßen und wenn gleichzeitig
niemand diese Rechtsnormen effektiv ablösen kann oder auf
die Politiker effektiv Druck üben kann (Volksveto der
schweizerischen Art zum Beispiel), die schädlichsten Normen
und die schädlichsten Entscheidungen der Eliten zu
beseitigen, kann man sich nicht wundern.

Wenn es bereits möglich ist, Länder gewaltsam zu
überstimmen in der Frage, wen sie auf ihrem Gebiet von
außen Europas bekommen werden, kein Wunder. Und wenn
der Finanzbau Europa dazu noch so schlicht gebaut ist, kein
Wunder umsomehr.
Es kommen dann mehr und mehr Menschen zu der
Überzeugung, der EU ist nicht zu helfen. Wenn dies bereits
Menschen mit jüdischen Wurzeln in Frankreich oder
Barcelona sagen und weggehen, und trotzdem sind die Eliten
blind und führen die EU am Rand dessen Zerfalls, kann man
sich nur wundern und wundern. Also falls die europäische
Integration Frieden bringt, ist es eher die, die hier vorher war
und nicht die, die jetzt vorangetrieben wird.
**Warum gibt es weniger Kriege?**
Vielleicht schaffen wir den Frieden auch (oder besser) ohne
die EU, falls sie nicht imstande ist, sich zu reformieren.
Übrigens, es gibt Nachbarländer ohne Union, die miteinander
nicht kämpfen und sogar freundschaftlicher miteinander
umgehen als manche EU-Nachbarn. Beispiele: USA und
Kanada, Schweiz und Liechtenstein, Schweiz/Liechtenstein
und Österreich oder Italien, Australien und Neuseeland,
Südkorea und Japan usw.

Der Grund liegt woanders: diese Länder tauschen massenweise Waren und Dienstleistungen aus, was die Wahrscheinlichkeit des Konfliktes vermindert. Genauso Investitionen – je mehr, desto weniger Konfliktpotenzial. Dies sind eher auch die wahren Gründe, warum die EU-Länder miteinander nicht kämpfen. Das friedliche Nebeneinanderleben liegt in keinem Fall darin, ob wir eine gemeinsame „Außenministerin" (oder auch „Gurkenformregelung") haben oder nicht.

Der Unterschied ist der, das Japan Südkorea nicht zwingt, irgendwas zu tun oder nicht zu tun. Die USA zwingen Kanada nicht, und Schweiz zwingt Liechtenstein nicht, wer auf dem Territorium des anderen aufgenommen werden muss. Die EU zwingt manchmal die Schweiz und künftig auch Großbritannien zu gewissen Normen und Verhalten, somit kommt die Gewalt eher seitens der EU, leider. Und darum – wegen der unnötigen Gewalt gegen Souverenität - haben wir in Europa nicht mehr so gute Beziehungen, da einige Staaten andere zu etwas zwingen, sich hinter die EU-Organe versteckend. Es könnte besser sein, gute freundschaftliche Nachbarbeziehungen zu bilden, als einen Superstaat ohne demokratische Kontrolle zu schaffen. Die EU muss entweder reformiert werden, oder überlebt sie in jetziger Form nicht.

Noch einen Grund gibt es, warum es weniger Kriege gibt. Soviel ich weiß, hat noch nie ein demokratischer Staat einen anderen demokratischen Staat überfallen oder Krieg gestartet. Wer Kriege nicht will, sollte aktiv Demokratie überall unterstützen. Demokratie heißt nicht „so wie wir es wollen", sondern, so wie es die Menschen in dem Staat wählen.

Es gibt auch noch eines, was sogar Kriege zwischen Großmächten dämmt oder fast unmöglich macht. Eine wichtige Rolle spielen dabei Atomwaffen, vor allem die in demokratischen Staaten. Natürlich nicht ohne Risiko, dass ein verrückter Politiker zum Knopf gelangen könnte.

## Und was machen die Länder mit Kriegen falsch?

Wo gibt es am meisten Kriegspotential? Dort, wo es keine Demokratie, keine Marktwirtschaft gibt, kein Freihandel und kein gutes Investitionsklima, das durch ausländische Investitionen gegen Kriege versichert. Wo es keine inklusive Systeme gibt usw. (Siehe Kapitel <u>Unser Wohlstand</u>, dieselben Gründe, die arm machen, können manchmal auch zu Kriegen führen). Im Kapitel <u>Unser Wohlstand</u> werden wir sehen, wie man Armut beseitigt (auch durch unseren Einfluss unterstützt) und genauso kann man auch Risiko der Kriege minimieren.

---

*__Kriege können nicht so gelöst werden, dass man deren Akteure nach Europa einführt__*

*__Oktober 2017.__ Ein Gericht in Frankfurt beschloss, dass Haikel S., ein 36-jähriger Dschihadist aus Tunesien, nicht aus Deutschland deportiert werden kann, da die tunesischen Behörden __nicht versprochen haben, dass der Mann nicht den Rest seines Lebens in Haft verbringt.__ Haikel S. wurde im Februar 2017 verhaftet, da er angeblich einen dschihadistischen Angriff im Namen des IS in Deutschland geplant hat. Auch in Tunesien ist er wegen Terror vor Gericht zu stellen. Solche Fälle erinnern daran, dass entweder etwas falsch in den deutschen Gesetzen ist, oder dass die Richter eine schwache Stelle der staatlichen Macht sind, die zum Untergang führen könnte. Wahrscheinlich sehen Sie hier wieder einmal klar, was genau wir in den Ost-EU-Staaten nicht haben wollen und warum wir uns so sehr wehren, die unfassbare deutsche Willkommenspolitik zu übernehmen.*

---

GRUND 6:
# UNSER WOHLSTAND
(UND WIE WIRKLICHE HILFE AUSSEHEN MUSS)

*Die Willkommenskultur nennt auch unseren Wohlstand und Finanzstärke als Grund dafür, dass wir unsere Steuergelder und Wohnungen teilen müssen, und zwar durch Einwanderung. Wir haben bereits gezeigt (siehe Kapitel MORAL), dies ist die schlechteste Methode, da sie den wirklich Ärmsten nicht hilft, ja sogar diese Menschen beschädigt. Masseneinwanderung kann keine gute, keine effektive und keine erfolgreiche Antwort auf die Probleme der Entwicklungsländer sein. Die Lösungen liegen woanders und gerade der Finanzgrund für Hilfe zeigt, dass wir einer viel größeren Menge der Menschen <u>dort</u> als <u>hier</u> für dasselbe Geld helfen könnten und sollten.*

Wir haben viel mehr Finanzmittel und damit sind wir die Glücklicheren dieser Welt, die helfen sollten, jedoch anders als bisher gemacht, effizienter als es die Willkommenskultur entweder naiv oder mit ganz anderen Zielen versucht. Wenn es uns nicht egal ist, wie Menschen woanders leiden, sollten wir helfen, auch ohne Rechtspflicht (siehe Kapitel <u>Rechtspflicht</u>).

Dabei gibt es zwei Gruppen der Leidenden:

**- Menschen, die vor dem Krieg und Verfolgung in das erste sichere Land geflohen sind**

- **Menschen, die sehr arm sind, weniger als 2 USD pro Tag verdienen (3 Milliarden Menschen), von denen ein Teil auch oft hungert**

In heutiger Zeit gibt es mehr Masseneinwanderung (und mehr Anreize dazu), es gibt jedoch weniger Kriege als in der Vergangenheit (siehe Kapitel <u>Kriege</u>). Die Menschen, die vor dem syrischen Krieg geflohen sind, kommen zuerst in das erste sichere Land, oder in die Regionen Syriens, wo Frieden herrscht. Damit ist ihr Schutz sichergestellt: im Ausland meistens in der Türkei, in Jordanien, in Libanon, teilweise in Irak und einige Waisenkinder wurden sogar in Israel empfangen.

## Wichtige verschwiegene Wahrheit
**<u>Und jetzt kommt eine wichtige Wahrheit, die leider verschwiegen wird:</u>** Die ganzen riesigen Gelder, die die Flüchtlingsbetreuung, amtliche Bearbeitung, Pflege, Wohnungen und Unterkünfte, Transport, Verpflegung und Taschengeld, ja sogar Polizeimehraufwand und Bürokratiemehraufwand in Deutschland/Europa kosten, würden **zweimal bis dreißigmal so viel** Geflüchteten aus Syrien zu einem besseren Leben in Jordanien, Libanon oder in der Türkei und anderen Nachbarländern helfen. Nochmals kurz wiederholt: ZWEIMAL oder noch viel viel mehr Menschen DORT, als HIER.
Dies ist **unbestritten:** unser Preisniveau in Europa liegt viel höher, man konnte für dasselbe Geld mehr Kriegsflüchtlingen helfen und dazu noch besser. Das machen wir nicht genug: die Flüchtlinge in Libanon leiden, überleben dort in Armut, da wir nicht genug Geld dorthin schicken, sondern hier stattdessen Deutschkurse finanzieren. Ist es möglich, das es die Willkommenskultur nicht weiß, was für ein Unterschied es zwischen den Preisniveaus gibt?

*Beispiel:* Eine Wohnungsmiete in Berlin und in Amman (Monatsmiete-Vergleich ergibt rund 2:1), Brot Deutschland/Jordanien: (2,4:1), ein Kilo Hähnchenbrustfilet Deutschland/Jordanien (4:1). **München soll sogar 30mal teurer sein als Dohuk in der sicheren Kurdenautonomie Iraks.** Die Zahlen oder die Preise sprechen auch hier eine klare Sprache.

Obwohl dies unbestritten ist, gehört es zu den Wahrheiten, die die Lückenmedien in einer Diskussion löschen und selbst in Artikeln oder Reportagen nie oder fast nie erwähnen. Einfach politische Zensur, etwas, was in eine (hoffentlich immer noch) demokratische Welt nicht gehört.

**Und noch mehr:** Nicht nur würde man mehr Kriegsflüchtlingen helfen, sondern die Nachbarstaaten Syriens würden dabei bald blühende Landschaften sehen. Falls diese Länder zum Ziel der kräftigen Geldströme aus Europa geworden wären, würden sie ihre Rolle als „erste sichere Länder" ohne Zweifel ganz anders genießen, als bei einer etwas mageren Hilfe.

## Kneipevolkswirtschaftlertheorie über höhere Nachfrage

Anders als in Deutschland. Trotzdem gab es in einigen deutschen Massenmedien seltsame Versuche im Stil einer **Schlechtekneipevolkswirtschaftlertheorie**. Diese haben ganz ernst in den Geldern, die von den deutschen Steuerzahlern in die Taschen der Einwanderer umverteilt werden, irgendwelche **zusätzliche Nachfrage** gesehen und somit über wirtschaftliche Anreize gejubelt. Also mathematich **-1 +1 ergibt für sie mehr als 0.**

Natürlich nur Propaganda pur. **Wen einem Ureinwohner etwas mehr Geld genommen wird, um einem Neueinwohner die Differenz zu geben, kann die Gesamtnachfrage und die Gesamtausgaben zusammengerechnet keineswegs steigen. Das ist glasklar.** Und weil mehr Hälse gefüttert werden müssen, jedoch die meisten von ihnen nicht arbeiten und von Steuern anderer leben, das pro-Kopf umgerechnete Produkt wird eher etwas kleiner als es sonst (ohne Einwanderung) wäre, und zwar bis die meisten arbeiten (was Jahre nach *„wir schaffen das"* noch nicht der Fall ist). Die Statistik kann jedoch ein besseres Bild zeigen, wenn die Neueinwohner – so wie bei der Arbeitslosenrate – nicht eingerechnet werden.

Obwohl die Nachfrage in Deutschland nur umverteilt wurde – mehr Geld da (z. B. Bauwesen baut mehr Wohnungen), weniger Geld dort (andere Wirtschaftszweige bekommen daher weniger), sehen manche, was es gar nicht geben kann. Keine zusätzlichen Gelder fließen dabei nach Deutschland. Logischerweise und nach jeder vernünftigen Volkswirtschaftslehre kann diese Umverteilung von den einheimischen Taschen in die Flüchtlingstaschen innerhalb Deutschlands die ganze Wirtschaft keineswegs ankurbeln. Dazu braucht man auch kein Volkswirtschaftlerdiplom. Die zusätzliche Nachfrage geht nur „auf Pumpe" (zusätzliche Verschuldung), von der wir in Europa jedoch bereits zuviel haben, dass diese sogar Krisen verschlechtert. Und diese Verschuldung geschieht zu oft auch gegen geltendes Recht (Maastrichtkriterien  gegen übermässige Verschuldung).

## Jordanien konnte blühen

Dies wäre jedoch zum Beispiel in Jordanien nicht der Fall. Jordanien würde blühen, dank der massiven zusätzlichen Geldströme, die dort aus Europa ankommen würden. Alles wäre besser so, da:

1. Mehr wirkliche Kriegsflüchtlinge würden mehr Unterstützung bekommen, und zwar in einem kulturell und religiös ähnlichen Land

2. Jordanien (Libanon, usw.) würde blühen, durch vergrößerte Nachfrage, die die zusätzlichen Gelder von außen auslösen würden. Die Ganze Region um Syrien wäre besser stabilisiert und Menschen dort reicher und mit mehr an besser bezahlter Arbeit.

3. Es käme zu keinen Spannungen innerhalb Deuschlands, zu keinen Messerstechereien wegen Unzufriedenheit mit einer ganz anderen Lebensweise, es gäbe keine zusätzlichen Angriffe auf deutsche Frauen, keine selbsternannten Religionspolizisten, keine „empfindlichen Zonen", weniger Hasspredigten, keine (zusätzlichen) Islamisten unter Bewachung der deutschen Polizei. Keine Kollision des Scharia-Rechts mit dem deutschen Recht und mit hier geltenden Freiheiten. Extreme Bewegungen hätten da weniger Spielraum, sich zu profilieren. Keine (zusätzlichen) „deutschen" IS-Kämpfer, und weniger gefährliche Konvertiten. Das alles wollen die V4-Staaten nicht und deren Politiker handeln in dieser Frage im Einklang mit Demokratie.

4. Die Spannungen innerhalb der EU, die durch Alleingangentscheidungen, Rechtsbrüche und Menschenumverteilungszwang ausgelöst wurden, würden nicht entstehen. Die EU wäre nicht am Rande eines Zusammenbruchs gelangen und vielleicht gäbe es sogar ein paar Prozent weniger Stimmen für Brexit, was ganz entscheidend das Endergebnis in die andere Richtung schieben konnte.

5. Deutschland würde sogar Geld sparen, weil an so einer Finanzhilfe würden ohne Probleme auch andere EU-Länder gerne teilnehmen, die eine unbefristete Masseneinwanderung aus dem islamischen Kulturkreis ablehnen. Deutschland könnte etwas weniger Geld ausgeben und diese Staaten würden gerne etwas mehr ausgeben.

All dies ist schwierig wegzudiskutieren, umzudrehen oder herumzureden, alle fünf Punkte sind wahr und daher unangenehm für die Willkommenskultur. Einfacher zu löschen als zu argumentieren - genauso haben das die Kommunisten getan, wenn sie etwas nicht wegdiskutieren konnten.

## Hilfe damals und jetzt

Obwohl die Armut in Afrika/Asien vor einem Vierteljahrhundert größer war, hat damals die westliche Welt anders als heute reagiert. Niemand hat damals Anreize geschaffen, um mehr und mehr Menschen anzulocken. Die progressivistische Ideologie war noch nicht da, die linken Parteien waren anders (auf eigene Bürger orientiert) und die Mitte-Rechts-Parteien waren noch konservativ, sie waren noch „mitte-rechts" und der zweite Teil des Ausdruckes war noch kein Schimpfwort in Deutschland.

Ich erinnere mich an eine **große Hungerwelle in den 80. Jahren des 20. Jahrhunderts,** die vor allem Äthiopien und umgliegende Länder traf. Menschen starben von Hunger. Im Westen hat dies eine Solidaritätswelle hervorgerufen, niemand hat jedoch vorgeschlagen, dass man Millionen Hungernde aus Äthiopien nach Deutschland oder Europa übersiedeln soll. So etwas war unvorstellbar. Man hat Gelder und Lebensmittel gesammelt und geschickt, eine Gruppe amerikanischer und europäischer Pop-Star-Sänger hat zusammen *We are the World* gesungen und alle daraus gewonnenen Gelder den Hungernden gewidmet. Solidarität pur, obwohl keine dauerhafte Lösung.

Seitdem hat sich Afrika etwas geändert. Es gibt unter den Ländern verschiedene Erfolge, Teilerfolge und Misserfolge. Leider immer noch mehr der letzteren.

Teile der dortigen Gesellschaften haben heute etwas mehr Geld als sie zur Zeit der Äthiopienkrise hatten. Dies sind die fähigsten oder dynamischsten Menschen, oder teils auch einfach Menschen mit „richtigen" Verknüpfungen an die regierenden Eliten. Viele gerade von dieser Schichte nehmen dieses Geld, und statt es zu Hause zu investieren (was oft leider nicht einfach ist), nehmen sie dieses Geld und gehen damit weg, geben es den Schlepperbanden usw.

## Migration mit Kapitalflucht

Kapitalflucht ist verheerend für alle Länder, jedoch für die armen Länder noch viel schlimmer. *In Europa gibt es Sozialleistungen auch für Nichteuropäer*, das hat sich bereits in der Zeit der modernen Technik und Mobiltelefonie verbreitet.

Das fliehende Geld, das in Afrika oder Asien „arbeiten" konnte, wird stattdessen die Schlepperbanden stärken und die Flüchtlinge werden es verlieren, jedoch – womit viele sicherlich auch rechnen - bekommen sie es in Europa oft mehrmals zurück. Somit gehen in Wirklichkeit (vermittelt) europäische/deutsche Steuereinnahmen teils in die Taschen der Schlepper.

Für die Geschlepperten kann sich so eine **Investition in den Schlepper** damit sehr gut lohnen. Und was sich lohnt, wird gemacht, auch wenn da ein bestimmtes Sterberisiko besteht. Man müsste dumm sein, diesen Weg nicht auszunützen.

Europa gibt, einige Afrikaner und Asiaten nehmen und es ist verständlich, es kann ihnen nicht vorgeworfen werden. Fast jeder auf ihrer Stelle würde das auch tun.

Auch wegen der europäischen Anreize ertrinkt ein Teil der Menschen im Mittelmeer, da sie missinformiert werden, nicht über die Sozialhilfe, die sie erwartet, sondern über die Gefahren auf dem Meer.

Wegen der europäischen Anreize fließt das so dringend gebrauchte Kapital weg aus Afrika (oder Asien). Die Menschen, die nicht das Glück haben, etwas Geld für die Schlepper übrig zu haben, und das ist die Mehrheit – **3 Milliarden Menschen weltweit, müssen zu Hause bleiben und diesen armen Menschen rennen nicht nur die dynamischsten, jüngsten und manchmal auch relativ meistgebildeten Menschen weg, sondern auch noch deren Gelder.** Beides verlängert die Armut in ihrem Land. Und das alles ist auch Europas Verantwortung, Verantwortung der Willkommenskultur. Wirkliche Hilfe muss anders aussehen. Damit sind wir im Klaren darüber, dass den Kriegsflüchtlingen effizienter, besser und im größeren Umfang geholfen werden konnte, ohne die gegenwärtigen Spannungen in Europa zu erzeugen, ohne auch Islamisten einzuführen. Und jetzt kommen wir zu der zweiten – größeren Gruppe der Leidenden.

## Hilfe den wirklich armen Menschen bei ihnen zu Hause

Ist die Armut jetzt größer als sie vor zehn, zwanzig oder vierzig Jahren war? Hungern jetzt mehr Menschen als damals? Die allgemeine Antwort auf diese Frage ist eindeutig *nein*. Mehr Menschen auch in Afrika haben etwas bessere Bedingungen zum Leben als damals. Auch deswegen kommen jetzt mehr Menschen, auch deswegen haben jetzt die Schlepper ein leichteres Business. Und die EU-Eliten helfen ihnen mit. (Also es ist nicht umgekehrt wie in der Lückenpresse vorgetragen: nicht so, dass mehr Leiden zu mehr Auswanderung führt, eher das Gegenteil ist der Fall in den Ländern ohne Krieg).

Trotzdem gibt es noch sehr sehr viele Menschen, die sich nicht viel leisten können, die teilweise hungern oder keinen Zugang zur guten Nahrung und sogar zum guten Trinkwasser haben. Was diese Länder und die meisten Menschen dort brauchen, sind die *Bedingungen, die Prosperität schaffen.* Das muss *Ziel Nummer eins einer effektiven Hilfe* sein. Wie in dem Zitat oben: Fisch zwar dem Hungernden geben, jedoch vor allem Anreize und finanziellen Druck auf deren Eliten zu üben, eine funktionierende inklusive Marktwirtschaft zu schaffen.

Es geht uns nicht an, wir können uns nicht einmischen? Ich höre bereits die Linken: „Die Menschen dort sollen sich doch selber wählen, welches System sie wollen." Das sagen die Linken ganz ernst, als ob außer Demokratie jemand wählen könnte. Sollen sie imstande sein, für sich lieber eine Diktatur zu wählen? Wieso wählen? **Diktatur und Wahl passt genausowenig zusammen wie Liebe und Gewalt, oder Solidarität und Zwingen, nicht wahr?**

Sie würden noch das böse Wort „Einmischen in eigene Gelegenheiten" benutzen. Wie bitte? Meinen diese Menschen, dass man sich nicht in die Entscheidungen der Diktatoren und ungewählten Eliten gegen Interesse der meisten Einwohner einmischen soll? Es geht uns doch nichts an?
Doch – die Menschen fliehen von dort und kommen zu uns. Es geht uns an. Die Welt ist verkehrt – manche EU-Eliten, die dies mit Anreizen mitverursachen, sind nicht imstande, *Druck auf die Auslöser* unter Kollegen Politikern dort unten zu üben, und stattdessen üben sie lieber Druck auf Polen oder Ungarn, die die geltenden Rechtsnormen im Bereich Schengengrenze und *illegale Grenzübertritte* einhalten wollen.

Wie könnte man bewirken, dass die Staaten, aus denen Menschen fliehen, ein Milieu für die Prosperität und Investitionen schaffen?

## Handelsmauer stufenweise abreißen

Es ist nicht nur ganz tragikomisch, wenn Scharfreden und
Massenkampagnen gegen Polen oder Ungarn gehalten
werden (oft dafür, was im Westen leider schlimmer ist, siehe
Kapitel <u>Eurowerte</u>), und gleichzeitig die scharfe Zunge nicht
mehr benutzt wird, wenn es sich um die Auslöser der
schlechten Bedingungen südlich von Europa geht. Noch
tragikomischer wirkt für die Informierten, wenn jemand auf
den ungarischen Zaun mit dem Finger zeigt, obwohl dieser
nur gegen illegale Einwanderung gedacht ist, und gleichzeitig
**schweigen dieselben Eliten** über ihre eigene lange und hoch
gebaute Handelsmauer um Europa. **Die Mauer, die Produkte
aus Afrika oder Asien nicht durchkommen läßt.** Die
Lückenpresse hat hier eine weitere Lücke, über die niemand
berichet.

Die Menschen kommen auch daher, dass wir ihre Produkte
nicht kaufen können, obwohl wir wollen – wegen der EU-
Handelsbarriere können wir nicht. Dies ist die wirkliche böse
Mauer Europas und nicht der Zaun. Die ganze
Willkommenskultur sollte darüber nachdenken, all die linken
Barmherzigen, die zu dieser Mauer schweigen. (Ich habe
persönlich Fertiggerichte mit einem ausgezeichneten Käse aus
Indien über eine EU-Firma gekauft, bevor mir gesagt wurde,
die Produkte mit Käse sind nicht mehr einführbar *„wegen der
EU-Vorschriften“*).
Man kann nur Ärger haben auf diese Vorschriften, über die
ich (wir, du, Sie) in keinen Wahlen stimmte(n), mit denen ich
(wir, du, Sie) weiter nichts tun kann. Eine Lücke in der
Demokratie, nur die Eliten und Lobbys entscheiden darüber,
und zwar unumkehrbar? Wo sind die europäischen Werte
geblieben? Die Willkommenskultur hat anscheinend kein
Problem damit.

Man sollte diese Regeln mitbestimmen dürfen, und man sollte über diese mindestens breit und weit diskutieren, Unterschriften sammeln können und Veto schweizerischer Art einlegen dürfen. Das ist Demokratie. Das geschieht in EU-Europa nicht, wir bauen eine Handelsmauer und Tausende undurchsichtige Gesetze durch undurchsichtigen Lobby-Druck ohne Demokratiekontrolle und ohne Volksveto-Möglichkeit und dann wundern wir uns, dass die Menschen ohne Perspektive zu uns kommen wollen. Wobei die Masseneinwanderung dabei noch durch verschiedene Anreize stimuliert, der Handel jedoch ganz umgekehrt gebremst wird. Wie im Narrenhaus.

## Inklusive Systeme belohnen, extraktive bestrafen

Natürlich kann man auf die Auslöser des Unglücks der Afrikaner und Asiaten Druck üben. Erstens durch Handel. Die Politiker, die ihre Länder demokratisieren, Sicherheit für Menschen und Investitionen schaffen und freie inklusive Marktwirtschaften entwickeln, sollten nicht nur die Erfolge dieses Handelns in zehn oder zwanzig Jahren sehen (für Politiker ist das manchmal zu spät), sondern einen Bonus bekommen. **Gleich und schnell Zutritt zum europäischen Binnenmarkt der Güter und Dienstleistungen.** Falls dies nicht genug ist, können auch die **Regierungen, die im Interesse ihrer Bürger handeln und Freiheiten, Inklusivität und Sicherheit befestigen, direkt aus den EU-Töpfen bezahlt.** (Ich verzichte dafür gerne auf die Gelder, die ich *angeblich* von der EU bekomme, da sie mich als einen kollektiven Nettoempfänger beschimpft - obwohl diese extraktiven EU-Gelder nur einige bekommen und andere sind Nettozahler, auch im Osten – was die Lückenpresse nie schreibt).

Also die **EU-Gelder können auch den Politikern dort unten für jede dauerhafte Verbesserung des Systems fließen.**

Ist das eine Bestechung zum guten Ergebnis? Vielleicht. Aber sind z. B. die Eurofonds nicht eine Art selektiver Bestechung? Viele im Osten Europas verstehen die EU-Gelder als extraktive Bestechung und oft sind diese Transfers gar nicht dort gerichtet, wo sie den Einwohnern etwas bringen, sondern eher an die Eliten (und ausländische Investoren) ganz intransparent verteilt, die dann besser lenkbar und erpressbar sind. Dies sollte sich ändern und es ist auch eine Frage, ob die gleichen Eliten, die so etwas erdacht haben, überhaupt imstande sind, etwas Besseres für Afrika u. a. anzubieten. Im Moment eher nicht, und damit schaden sie immens den Armen der Welt. Mehr und mehr Länder könnten prosperieren und blühen, wenn es die richtigen Anreize dort (und nicht hier) für die Menschen (Politiker und Einwohner) der armen Länder geben würde.

Also: **Handelsbarrieren abreißen und inklusive Marktwirtschaft + Demokratie belohnen.** Dabei gibt es noch ein Instrument: Auslöser und Unterstützer **der extraktiven Systeme so oder so zu bestrafen.** Alle, die es mit den armen Menschen gut meinen, würden da gerne mitmachen. Einschließlich die V4-Staaten Polen, Tschechien, Ungarn oder Slowakei, die so etwas sehr gerne unterstützen würden, im Gegensatz zu der unvernünftigen Politik der Willkommenskultur.

## Wie soll denn die wirkliche Hilfe noch aussehen?

Das *Hauptproblem liegt in den falschen extraktiven Systemen.* Bei Heritage Foundation oder anderen Organisationen findet man Indexe der wirtschaftlichen Freiheit, Indexe der Meinungsfreiheit, Indexe der Demokratie und so weiter. **Es gibt Werke der Volkswirtschaftler (Beispiel: siehe Literatur), die klar zeigen, welche Länder und warum prosperieren.**

**Äußere und innere Sicherheit. Rechtsstaat und klare Gesetze. Eigentumsrechte. Freiheit, eigene Ideen zu verwirklichen und Werte zu schaffen. Einfache und stabile Steuersysteme, die nicht mehr und mehr enteignen. Freie Arbeitsmärkte. Handelsfreiheit. Starke transparente Institutionen. Inklusive Gesellschaften. Demokratische Prozesse und demokratische Kontrolle. Gute Bedingungen für Investoren. Keine extraktive Umverteilung zugunsten der Mächtigen.**

Ob wir alle diese Bedingungen der Prosperität in der heutigen EU haben, ist eine andere Frage. Und wer selber etwas nicht hat, kann es vielleicht nicht woanders effizient durchsetzen. Also gleichzeitig sollten wir diese Bedingungen auch bei uns in der EU schaffen. Wir sollten die EU etwas mehr nach Ludwig Erhard gestalten, oder nach Sir John James Cowperthwaite - Autor des Wirtschaftswunders von Hongkong, und weniger nach den heutigen EU-Häuptlingen. *Es gibt natürlich nicht nur „weiße" Weise als Vorbilder, es gibt sie auch in Afrika. Zum Beispiel Botswana, das einst zu den ärmsten Ländern der Welt gehörende, jetzt wahrscheinlich wirtschaftlich stärkste Land Afrikas, das Freiheit, Demokratie und Inklusivität angenommen hat, wenn andere Afrikastaaten den sozialistischen und extraktiven Weg gingen.*

Es ist also ganz klar, was zu machen ist, um Leiden schrittweise zu beseitigen – mehr und mehr Anreize zu schaffen, um das, was Prosperität schafft, mehr und mehr zu verbreiten. Jetzt nur noch die vernünftigen Politiker dafür zu finden, hier und dort. Auch in Europa sind sie leider Mangelware.

Auch hier gibt es Vieles zu verbessern, da *unsere Prosperität nicht in dem ruht, was jetzt gemacht wird, sondern in dem, was die Vorgänger der Politiker vor 30+ Jahren im Westen Europas gemacht hatten.*

Dafür muss man natürlich wissen, was Prosperität schafft. Ludwig Erhard wusste das noch. Manche mitteleuropäischen, britischen oder auch amerikanischen Politiker wussten das und manche wissen das noch.

Ob das die regierenden Eliten in Europa wissen, bin ich mir gar nicht sicher. Europa hat vergessen, was die Prosperität geschaffen hat, Deutschland hat das mehrheitlich eher auch vergessen, leider. **Die heutige Prosperität Deutschlands ist kein Ergebnis der heutigen, sondern der gestrigen Politik** (abgesehen von dem Teil der zusätzlichen Prosperität von heute, der durch den Euro von Süden nach Norden umgepumpt wird, was jedoch nicht umsonst sein wird, und bald wird man dafür bezahlen müssen).


## EINE KLEINE ERGÄNZUNG
### Wie heute leider die Entwicklungshilfe oft aussieht
*Beispiel Afghanistan, Ausschnitt aus dem Buch: Why Nations Fail: The Origins of Power, Prosperity and Poverty (Daron Acemoglu, James Robinson, gekürzt, übersetzt und nacherzählt, siehe Literatur):*

*Nachdem die Afghaner das Talibanregime mit Hilfe der Amerikaner beseitigt haben, kamen langsam die UN Repräsentanten und NGOs, um Hilfe anzubieten. Was dann passierte, sollte jedoch keine Überraschung sein, wenn wir die Misserfolge der Auslandshilfe in armen Ländern in den letzten 50 Jahren in Betracht ziehen. Überraschung oder nicht, das übliche Ritual wurde wiederholt. Delegation nach Delegation, Gespräche auf der höchsten Ebene. Milliarden Dollar flossen jetzt nach Afghanistan. Jedoch nur wenig davon wurde benutzt, um Infrastruktur zu bauen, Schulen, andere öffentliche Dienstleistungen, die lebenswichtig für Entwicklung der inklusiven Institutionen und Wiederherstellung von Recht und Ordnung sind.*

Die 1. Tranche des Geldes wurde für Fluglinien für die internationalen Organisationen benutzt. Der nächste Schritt war, für diese Ausländer Chauffeure und Dolmetscher einzustellen. Man stellte also die wenigen Englisch sprechenden Beamten und Lehrer als Chauffeure und Dolmetscher an, man hat ihnen ein Mehrfaches der afghanischen Gehälter bezahlt.

Die Hilfsgelder haben also statt Hilfe mit Infrastruktur leider den afghanischen Staat unterminiert.

Die Dorfeinwohner in einem weiter liegenden Bezirk haben im Radio über einem millionenschweren Programm zur Wiederherstellung der Unterkunft in ihrem Gebiet gehört. Nach einer langen Pause kamen ein paar Holzbalken ins Dorf, durch ein Transportkartell eines lokalen mächtigen Politikers transportiert. Diese waren jedoch zu groß, um für etwas in dem Dorf benutzt zu werden, und die Dorfeinwohner konnten nur eines damit machen: als Brennholz zu verbrennen.

Was passierte also mit den Millionen USD, die den Dorfeinwohnern versprochen wurden? **20 % hat das UN Hauptbüro in Genf genommen. Der Rest wurde an eine NGO subkontrahiert, das wieder 20 % des Geldes für sein Hauptbüro in Brüssel nahm. Und so noch in drei weiteren Schichten und jede Schicht nahm ungefähr 20 % des Restes. Der kleine Teil, der wirklich nach Afghanistan kam, wurde dazu benutzt, Holz aus dem Westen Irans zu kaufen, und vieles davon wurde der Transport-Kartellorganisation des mächtigen Politikers bezahlt, um für überhöhte Preise für die Beförderung zu bezahlen.** Es war fast ein Wunder, dass einige dieser Balken sogar in das Dorf eingetroffen sind.

Dies ist kein isolierter Fall. **Viele Studien belegen, dass nur 10 % bis meistens 20 % der Entwicklungshilfe ihren Ziel erreicht.** Das Gros davon ist kein Betrug (auch wenn zahlreiche Untersuchungen laufen), sondern Inkompetenz oder noch schlimmer: Business as usual der Entwicklungshilfeorganisationen.

*In den letzten 50 Jahren wurden Hunderte Milliarden USD an Regierungen rund um die Welt als „Entwicklungshilfe" bezahlt. Vieles davon verschwendet als Gemeinkosten und Korruption und was noch schlimmer ist, vieles davon haben Diktatoren bekommen, die sich damit Unterstützung zu Hause gekauft haben und haben sich dabei bereichert. Dies wiederholt sich immer wieder.*

***Die Geber haben eine falsche Vorstellung darüber, was die Armut verursacht – Mangel an Eigentumsrechten, an Recht und Ordnung, an gutfunktionerenden Rechtssystemen und erstickende Dominanz der nationalen oder lokalen Eliten über dem politischen und wirtschaftlichen Leben, dh. extraktive und keine inklusive Institutionen.***

**Zusammenfassung:** Die gleichen Finanzmittel, die in Deutschland/Europa für die Geflüchteten benutzt werden, konnten zwei- bis dreißigmal soviel Menschen besseres Leben im eigenen Kulturkreis gewähren, dabei würden die Länder wie Jordanien durch zusätzliche Nachfrage blühen, es käme zu keinen unnötigen Spannungen innerhalb Deutschlands und in anderen Staaten Westeuropas, die EU geriete nicht an den Rand eines Zerfalls und es wurden keine kriminellen Strukturen durch diese Politik gestärkt.

Rein moralisch, humanitär und dabei auch noch finanziell ist etwas anderes vernünftig als die gemachte Einwanderungspolitik. Andere Lösungen sind möglich. Entweder sind die Politiker, die das nicht sehen wollen, naiv und ihre Fähigkeit zum Denken nicht stark genug, oder verfolgen sie mit der Masseneinwanderung ganz andere Gründe, die sie aber ihren Wählern nicht sagen (siehe weitere Gründe – weitere Kapitel).

*Im Flüchtlingslager Saatari in Jordanien leben um 80 000 Flüchtlinge. Im Jahre 2016 schickte die tschechische Regierung 40 Millionen CZK nach Jordanien, um Wohnungseinheiten für rund 2000 Flüchtlinge zu finanzieren. Das Geld fürs Jahr 2017 wurde für Elektrifizierung des Lagers genutzt und tschechische Ärtzte machen dort lebensrettende Operationen. Radio Prag hat einen Arzt zitiert: „Vorher waren die Patienten nach Tschechien im speziellen Flugzeug transportiert und es gab für sie eine Behandlung, die 3 – 4 Monate dauerte. Damit konnten wir nur wenigen Menschen helfen. Jetzt sind wir imstande <u>für die gleiche Summe viel mehr Menschen</u> vor Ort zu behandeln." So hätte auch Deutschland statt der unfassbaren Flüchtlingspolitik Gelder der Steuerzahler vernünftiger, besser und mit breiterer Wirkung benutzen können, falls es wirklich um Hilfe den Leidenden geht.*

GRUND 7:

# SCHMELZTIEGEL EUROPA ODER UMVOLKUNG NACH PLAN

*Die verschiedenen Sprachen und Nationen Europas sind für die Eliten eher ein Hindernis dafür, schnell einen zentralisierten Staat zu errichten. Die Zeit läuft davon. Eine gemeinsame Währung kann nicht dauerhaft mit vielen Staaten gut funktionieren, falls die ganze Gemeinschaft nicht tief und gründlich wirtschaftlich dereguliert und liberalisiert wird, damit alle so verschiedene Länder und Regionen weitere potenzielle Außenschocks durch Preis- und Lohnangleichungen verkraften können.*

*Alternativ muss eine große Umverteilung stattfinden, die wieder ohne politische Einheit dauerhaft nicht möglich ist. Die Bevölkerung wusste dies vor der Einführung des Euros nicht. Die Eliten wussten das, wollten das jedoch nicht offen sagen.*

*Die linken Eliten wollen den Weg der gründlichen Liberalisierung vermeiden und den Euro behalten. Also bleibt nur der EU-Bundesstaat als ein Ausweg, der jedoch nicht von den meisten Europäern demokratisch gebilligt wurde und wahrscheinlich nie durch Volksentscheidungen durchkommen kann, mindestens in naher Zukunft. Eine Quadratur des Kreises für die Eliten. Man hat das Pferd Euro von hinten aufgezäumt und gehofft, es wird irgendwie funktionieren. Ist es dieser Grund, warum die Eliten Masseneinwanderung skrupellos fördern und ständige Umverteilung der Ankommenden streben, um durch eine Umvolkung den Weg zu einem Großreich zu vereinfachen?*

## *Prosperität durch inklusive Marktwirtschaft*

Europäische Eliten wissen leider nicht mehr, was Ludwig Erhard im Nachkriegsdeutschland wusste und erfolgreich durchsetzte: was die Prosperität bringt. Die Freiheit zu schaffen und vermarkten, Hand in Hand mit allen anderen Freiheiten: mit der Meinungsfreiheit, politischer Freiheit, wissenschaftlicher Freiheit, persönlicher Freiheit usw. Die wirtschaftliche Freiheit zu schaffen, Verträge beliebig mit jedem zu schließen und auf dem Markt, durch eine unsichtbare Hand „gesteuert", Produkte und Dienstleistungen frei verkaufen zu können. Mit wenig Ausnahmen: wo der Verkauf nicht ethisch ist und jemanden beschädigt an seinen Freiheiten oder Leben.

Und natürlich braucht man dazu Sicherheit, Stabilität und den
Rechtsstaat. Recht muss dabei einfach und verständlich sein,
sonst kann man über Rechtsstaat nur schwierig sprechen.
Dazu braucht man auch noch gute Institutionen
(einschließlich Währungen) und Systeme, die inklusiv wirken
und extraktives Benehmen bestrafen. Dies wissen die Euro-
Eliten leider nicht mehr und handeln oft dagegen.

## *Oder Prosperität durch Regulation und dicken Staat?*

Viele von ihnen glauben, Prosperität und Wirtschaftsstärke
werden durch etwas Anderes geschaffen: durch Regulationen
(je mehr, desto besser?), durch Bürokratie, Umverteilung
(nicht nur solche, die den Schwachen unter die Armen greift
und diese stärkt, sondern auch solche, wo Firmen, beliebige
Organisationen und sogar Milliardäre EU-Gelder bekommen,
aus den Taschen aller anderen), umfangreiche und mit
zuvielen Kompetenzen in Taschen „dicke" Regierungen und
deren unzählige und unzählbare Verbote und Befehle, ja sogar
wirtschaftlich unsinnige Projekte, die von den Steuern nicht
nur bei Entstehung finanziert werden, sondern ganze
Jahrzehnte Steuergelder verzehren und die sich aufstockenden
Schulden weiter vermehren.

## Prosperität durch Staatsgröße?

Außerdem glauben die Eliten eher auch daran, dass
Prosperität durch Staatsgröße geschaffen wird. Je größer der
Staat, desto besser, glauben sie. Sie blicken auf die USA (mit
etwas Neid und etwas an verstecktem Antiamerikanismus)
und sehen ein wirtschaftlich starkes Land, das auch noch viel
schneller wächst als die EU.
Sie sehen China - noch ein großes Land, dass stark wächst und
den Westen nachholt.

**Und sie glauben, Europa fehlen nicht die Voraussetzungen, die hier oben beschrieben sind und die in China (vor allem in der Wirtschaft) oder in den USA (nicht nur in der Wirtschaft) positiv wirken, sondern vor allem sehen sie die Größe des Staates und sind durch Möglichkeiten einer starken zentralen Regierung genauso wie die einstigen Diktatoren Europas fasziniert.**

Man könnte da viele Fragen stellen: wieso ist Liechtenstein und die Schweiz und Singapur und Hongkong pro Kopf gemessen effizienter und stärker als all die großen Staaten, warum ist das große Russland nicht wirtschaftlich pro-Kopf gemessen wirtschaftlich und finanziell stärker als das einwohnerzahlbezogen kleine Neuseeland oder Australien, wenn es um Staatsgröße wirklich so sehr geht? Und auch innerhalb Europas, wieso ist das kleine Freiheitsmusterland Estland schneller gewachsen als größeres Griechenland, wieso ist das kleine Luxemburg wirtschaftlich viel stärker als Frankreich, pro-Kopf umgerechnet. Warum ist das kleine San Marino stärker als Italien, pro-Kopf gemessen, und warum ist das kleine Österreich pro-Kopf gemessen stärker als die meisten großen Staaten der EU? Da stimmt etwas nicht mit dem Einfluss der Staatsgröße auf Prosperität, Wachstum und Lebensstandard. Die Eliten glauben das jedoch trotzdem, sie haben nicht genug studiert, was Prosperität bringt. Leider.

### *Euro-Staat schleichend, auch durch Umvolkung?*

Den großen Staat in Europa wollen sie unbedingt auch haben. Und sie sind dabei ungeduldig und machen Fehler. Auch wenn sie Recht hätten, dass wir einen Großstaat in Europa dringend brauchen, machen sie das falsch. Sie - und die dahinter stehenden Kräfte. Welche?

Hm. Das wissen wir nicht, jedoch (Scherz): zum Beispiel die
mächtige Marketingabteilung von Lidl, die auf den
griechischen Kirchen Kreuze wegretuschierte, um dieses
zuerst multikulturelle und dann monokulturelle Großeuropa
schnellstmöglich zu bekommen (Halbmonde lassen sie auf
anderen Bildern stehen, Kreuze nicht).
Eine normale Handelskette würde sicherlich lieber Waren
verkaufen und nicht multikulturell belehren und Bilder
zensurieren, jedoch diese Marketingabteilung ist eine geheime
Kraft hinter dem allen. Scherz beiseite, Lidl hat sich
entschuldigt, vielleicht liegen die Kräfte woanders.
Faktum ist, dass diese Eliten gerne sehen würden, einen Staat
aus der EU schnellstmöglich zu haben. Schleichend, ohne die
Alteingesessenen zu fragen. Die verschiedenen Sprachen und
Nationalitäten sind für sie ein Minus, die europäische
Identität ist jedoch bisher schwächer als die nationale
Identität, obwohl Europäer gar keine Nationalisten sind.

Falls diese alte europäische Multikultur beseitigt wird, gibt es
den EU-Staat schneller, und dann steht der zentralen Macht
und dem angeblichen Wachstum und Stärke nichts im Wege,
in deren Vorstellung. Und sie, der kollektive elitäre große
progressive Schwester-Bruder, werden diesen Großreich
lenken – sowie auch jetzt, ohne die wichtigen Entscheidungen
mit der Bevölkerung zu konsultieren, nur tiefer,
umfangreicher, ähnlicher dem großen Bruder des Herrn
Orwells. Entnationalisierung hilft da immens, diesen Ziel zu
erreichen.
Ich muss hier zugeben, vor ein paar Jahren habe ich dies nicht
geglaubt („riecht nach Verschwörungstheorie"), und dann nur
teils. Für mich war am Anfang die Flüchtlingskrise durch
Feinde Europas oder des Westens ausgelöst, die in Syrien die
armen Menschen bombardierten und in der Türkei einen
Überdruck der Geflüchteten verursachten.

Ich habe jedoch relativ früh verstanden, dass da Vieles leider nicht stimmt und dass da andere Prioritäten als Sicherheit und Prosperität Europas Rolle spielen müssen. Vielleicht ist dieser Grund der Richtige, warum all das passiert, was uns vor Augen wie im schlechten Film vorgespielt wird? Vielleicht.

## Was nicht zusammenpasst

Die Eliten und Mainstreampresse biegen die Realität immer öfter, immer öfter sehen wir Doppelmoral, Ablenkung und Rechtsbruch durch Regierende ohne Strafe. Vielleicht glauben die Eliten, dass sie etwas Gutes tun, vielleicht glauben Sie sogar, das Sie ethisch (siehe Kapitel <u>Moral</u>) nicht anders handeln können, mit durchgedachten Lösungen hat jedoch das, was geschieht, nur wenig zu tun. Als ob ein Schachspieler nur zwei Züge im voraus durchrechnen würde, und nicht zehn oder zwanzig. Oder, als ob da böse Kräfte die Geschehnisse mitlenken und die Politiker nur arme Geisel sind. Einmal werden wir genau wissen, welche Gründe die wirklichen Gründe waren. Oder auch nicht. Diese Analyse, dieses Buch, kann jedoch Vieles klarmachen.

Das Wort Solidarität wird unbeschämt so benutzt, als ob es Zwang hieße. Falls Solidarität Zwang ist, dann ist Liebe Gewalt. Es wird behauptet, es geht um Bereicherung Europas, wir werden multikulturell bereichert, und gleichzeitig sagen dieselben Münder, dass wir diese Last teilen müssen. Man muss da nicht gerade eine Uni absolviert haben, um zu sehen, etwas stimmt nicht. Bereicherung kann nicht zugleich Last sein, eines davon ist Lüge. Wenn ich bereichert werden will, und mache etwas dafür, brauche ich diese nicht als Last zu sehen und muss nichts teilen. Wenn ich mit der Bereicherung nur lüge, und in Wirklichkeit Lasten sehe, dann macht zwar Sinn, dass ich diese Last teilen möchte, jedoch auch das, dass ich gelogen habe. Falls ich dem eigenen Land Lasten zukommen lasse, sollte ich zuerst damit aufhören, und erst dann um Solidarität bitten.

Wenn es um Lasten geht, die durch Naturkatastrophen verursacht werden, macht Solidarität völlig Sinn, und zwar freiwillig, sonst wäre das keine Solidarität. Alle helfen den europäischen Mitbürgern und sogar anderen Staaten der Welt, die durch Erdbeben plötzlich ohne Dach mit leeren Händen dastehen. Zu solcher Solidarität muss man niemanden zwingen.

## Solidarität heißt Hilfe bei Verstopfung der Löcher

Etwas ganz anderes sind politische Entscheidungen. Falls einige Ländern beschließen, ohne die Nachbarn und Schwesterstaaten vorher konsultiert zu haben, dass es irgendwie gut ist, Menschen aus anderen Kontinenten unkontrolliert hereinzulassen, gegen geltendes EU-Recht und Nicht-EU-Recht (Dublin III, Genfer Konvention, deutsche Verfassung 16A usw.), dann gibt es hier kein Grund, für politisches Handeln, dass – nota bene – andere Mitglieder beschädigt oder beschädigen kann, Solidarität zu verlangen. Illustrieren wir das Ganze auf einem Beispiel mit einem **Haus namens Europa. Da unten im Raum Italien oder Griechenland haben wir Löcher, durch die das Wasser fließt. Das erste, was gemacht werden muss, ist die Löcher zu verstopfen und nicht, wie gemacht, Wasser in andere Räume zu befördern und Solidarität zu verlangen, damit das Wasser in alle Räume fließen darf, ohne die Löcher zu verstopfen.** Die Solidaritätsrufe sollten anders aussehen: „Bitte, kommt und hilft uns, die Löcher zu verstopfen, ihr wohnt doch in demselben Haus und wir sind unter Druck!" Jeder würde kommen, die V4-Staaten haben dies selbst angeboten, die damalige linke italienische Regierung (vor 2018) hat das jedoch abgelehnt und verlangt, dass die Ergebnisse dieser Politik übernommen werden sollen.

Die Eliten machen weiter, als ob die Löcher normal seien, als ob problemlos 10 oder 100 Millionen kommen könnten („keine Obergrenze"). Oder eine Milliarde? **Übertreibung? Und warum nicht soviel: wenn es „nicht geht", die Löcher zu verstopfen, dann wird es nie gehen. Genau dies folgt logisch aus dem Urteil, dass es nicht geht und dass man schöne Leistungen den Ankommenden auszahlt** (wer nicht kommen würde, unter solchen Bedingungen, ist eher nicht sehr klug, wer das nicht weitertelefoniert, ist egoistisch).

Europa ist ein aufblasenfähiges Kontinent? Vielleicht. Der Plan B und C und D wurde nicht mitgeteilt, die Meeresgrenze kann doch angeblich nicht geschloßen werden (obwohl Australien es geschafft hat) und der „Plebs" hat da nichts zu diskutieren, wir leben doch nicht in einer Epoche der europäischen Demokratie, sondern haben *weise* Euro-Führer (oh, Pardon, das Wort ist unpassend, Anführer). Die Ziele werden ganz öffentlich erörtert: es geht nicht um Verringenrung der illegalen Migration, es geht mehr um „sichere Wege nach Europa", die geschaffen werden sollen, um Migranten zu holen. Und dann, dann muss man diese nur endlos verteilen. *So sprach Europa, nicht die Bevölkerung Europas, sondern irgendein anderes Europa sprach so.* Das wird natürlich Migration nur stärken, aber das stört dieses alternative entscheidungswillige Europa nicht (alternative zu uns, Europäern, die nie eine gute Gelegenheit verpassen sollten, zu schweigen, wie es einst der frühere französische President Chirac gegenüber Ost-EU prägnant *demock-rattisch* gesagt hat).

## Politiker und ihre Spielchen

Im Höhepunkt 1 der Krise (Herbst 2015) habe ich eine interessante Nachricht in den deutschsprachigen Medien gelesen.

Ein deutscher Regierungspolitiker hat angeblich gesagt, es gebe nichteuropäische Länder, die ernstes Interesse im Gespräch geäußert haben, Flüchtlingslager auf ihrem Gebiet (fürs Geld) errichten zu lassen. Schön, habe ich damals gedacht, die Krise ist gelöst, Menschen, die wirklich vom Krieg fliehen, bekommen einen sicheren Ort, Europa kann mit denselben Geldern viel viel mehr Menschen helfen, und dabei werden noch die Missbraucher der großzügigen europäischen Sozialtöpfen abfallen. Alles endet wie im Märchen.

Doch daraus wurde nichts, obwohl das viel mehr Sinn machen würde, falls es wirklich um Hilfe den Kriegsflüchtlingen ginge. Jemand hat entweder nur ein Spielchen mit Publikum gespielt, ohne dieses ernst zu meinen (Beruhigungspille 1), oder hat jemand „oben" heimlich befohlen, dieser Weg muss gesperrt werden. Beides ist nicht gut.
Das war nicht die einzige Beruhigungspille für den deutschen Wähler. Beruhingungspille 2 ist es, dass die, die Asyl nicht bekommen, abgeschoben werden. Das passiert in der Praxis jedoch nur selten: „geht nicht" irgendwie, sowie es mit der Kontrolle der Meeresgrenze (und zugleich Schengengrenze) dort unten auch lange überhaupt „nicht ging". Australien hat bewiesen, dass es geht, Australien wurde dafür aus der EU beschimpft.
Beruhigungspille 3: Horst Seehofer. Der hat böse Blicke auf Merkel auf einem CSU-Parteitag perfekt vorgespielt – dann Obergrenze als Bedingung für Koalition gesetzt, es gab Drohungen, CSU könnte auch allein in die Wahlen gehen – und dann, plötzlich verschwand alles von diesen Kulissen, keine Obergrenze mehr als Bedingung und dazu noch seine Äußerung, dass aus seiner politischen Erfahrung klar ist, dass man die Menschen mit abgelehntem Asyl nicht aus dem Land abschieben kann, und Punkt. Das alte bekannte „geht nicht" als Argument-Schwergewicht.

Ein weiteres Spielchen war mit den Kriegsflüchtlingen. „Wir helfen den Menschen, vor dem Krieg zu flüchten", hat man überall gesagt und geschrieben (obwohl in Jordanien oder in der Türkei kein Krieg war). Und dann sieht man sich die Statistiken an: nicht die Hälfte von der 1. Welle waren Kriegsflüchtlinge, geschweige den die anderen Wellen und Wellchen 2016 bis 2018. Anis Amri, der berühmte Killer aus Berlin, war aus dem sicheren Land Tunesien eingereist und „es ging nicht", ihn schnell zurückzusenden. Die 2. Welle durch Italien: die Marokkaner, die eine Polin in Rimini vergewaltigt haben, kamen ebenso aus Nordafrika. Die vielen Messerstechereien in Deutschland werden oft nicht mehr berichtet. Ein unschönes Wort „Nafri" hat sich sogar in der deutschen Sprache angesiedelt. Wieso, wenn man doch nur den Kriegsflüchtlingen hilft? Ist das noch eine Lücke der Medien, eine klare Lüge oder etwas anderes?

Falls so im Weltvergleich relativ „reiche" Menschen wie Tunesier oder Marokkaner auch Wohnsitz in Deutschland dringend brauchen und bekommen müssen (und vielleicht später nach Osten umverteilt werden müssen), dann brauchen es eben mindestens 3 Milliarden viel ärmere Menschen der Welt noch mehr! (Siehe Kapitel <u>Moral</u>).
Die kann jedoch Europa nicht aufnehmen, ohne zu filtern: diese sind mehr bedürftig, und diese nicht. Das ist jedoch alles andere als das, was gemacht wurde und wird. Damit sind wir im Klaren, es muss andere Gründe geben als die offiziel angegebenen.

Eines davon ist Umvolkung, Entnationalisierung und Schaffung eines großen Reiches. Warum sind diese Eliten so sehr auf dieses (oder jenes) Ziel gerichtet, dass sie sich nicht scheuen, geltendes Recht zu brechen, Gerichte *irgendwie* unter Kontrolle zu haben, Zensur einzuführen, Bevölkerung nicht zu fragen, Europa am Rand des Zerfalls zu bringen, schlechteste Beziehungen in der EU, die es je gab, hervorzurufen, Sündenböcke in Ländern wie Polen, Ungarn, Israel oder USA ständig zu suchen und die Massenmedien als abhängig erscheinen zu lassen, dh. wahrscheinlich diese geschickt zu manipulieren? Ist das überhaupt real, was uns da vor Augen geht? Und ist dabei noch überhaupt möglich, dass der „meiste" deutsche Wähler alles verschluckt und mit der schleichenden Umvolkung wie ein langsam gekochter Frosch kein Problem hat, dass er die große Demografieveränderung nicht als Wahlthema Nummer eins sieht?

## Umvolkung ist eher real als Verschwörung

Bei all diesen Informationen und Benehmen der EU-Eliten, bei faktischer Unterstützung (auch mit Steuergeldern) der NGOs bei der Zusammenarbeit mit den Schleppern, bei den feindlichen Aktionen gegen die Anti-NGO-Beobachter in dem Mittelmeer (sie konnten auf Malta mit ihrem Schiff nicht landen, obwohl EU-Bürger, um Wasser und Nahrungsmittel zu kaufen) und bei dem unglaublichen Druck auf die V4-Staaten, der ersten Umverteilung nachzukommen und Andeutungen, es wird eine ständige Umverteilung in Dublin IV geben. Das leere Geplauder über europäische Werte, ohne Demokratie zu erwähnen (siehe Kapitel Europäische Werte). Wie die Umverteilung durchgesetzt wird, wieviel mehr Kraft und Drohungen da aus den Elitenmündern entkommen, besonders im Vergleich mit den fast nie existierenden Drohungen bei den gebrochenen Maastrichtregeln über Schulden, die normalerweise viel wichtiger sein müssten...

So oder so umgedreht, alles deutet hier auf ein Projekt
Umvolkung oder etwas Ähnliches, ohne demokratische
Legitimierung (also gegen die europäischen Werte eigentlich).
Was Barbara Coudenhove-Kalergi in dem Artikel (Zitat oben)
schrieb, klingt für mich wie eine Verhöhnung der Demokratie.
In einer Demokratie funktioniert es so, dass wenn etwas den
Alteingesessenen nicht passt, wählen sie dagegen, und es
passiert dann nicht. Außer Regen und Schnee, natürlich.

## Wann ich diesen Grund zuließ

Eigentlich war das der Druck auf die V4-Staaten und die
Zensur, die mich in westlichen Medien total überraschte, was
mich erst überzeugte, es geht um etwas anderes als Moral,
Hilfe, Bereicherung, Arbeitsmarkt, Pensionssysteme usw.
Vieles stimmte bei diesen Gründen gar nicht (wie in den
einzelnen Kapiteln beschrieben).
Es besteht mindestens eine glaubwürdige Möglichkeit, das
Ganze geschieht vor allem wegen „mehr Integration" in die
letzte Phase - Superstaat. Ein Staat vieler Nationalitäten aus
den langjährigen Nationalstaaten zu schaffen, ohne Kriege,
das geht am einfachsten durch Umvolkung.

**Einige glauben vielleicht an den Schmelztiegel – dass die
USA daher reich und stark sind, dass sie soviele Nationen
zusammengeschmolzen haben. Das ist jedoch Unsinn: wir
sind bereits verschmolzen, wir sind keine reinen Nationen,
diese existieren nicht und existierten auch nie.**
Blicken wir mal auf die Haplogruppen der Y-DNA oder
mitochondrialer DNA oder regionale Zusammensetzung der
Gene der Europäer, wie in der autosomalen DNA ganz gut zu
sehen. **Wir sind bereits eine Mischung, obwohl gut
integriert, verschmolzen und durch Kultur und Werte wie
Demokratie und Marktwirtchaft zusammenhaltend.**

Auch wenn dies nicht der Fall wäre (was es jedoch ist), der wirkliche Grund für die Prosperität der Vereinigten Staaten ist die Freiheit und nicht die Zusammenschmelzung (die nicht vollendet ist und wird es noch lange nicht sein), nicht ein besonderer Fall eines Schmelztiegels, dass wissen die Euro-Eliten jedoch eher nicht und wollen das nicht zugeben, sonst müssten sie eigene Politik der Überregulierung und Zentralisierung als Failure bezeichnen.

Sie glauben an Freiheit einfach nicht, besonders nicht an die wirtschaftliche Freiheit und freie Marktwirtschaft. Das Wort „Liberalismus" oder „liberale" (Demokratie) heißt für sie bereits etwas anderes als „Freiheit" (Libertas) in dem klassischen Sinne. Sie glauben an Sozialismus weich mit Korporativismus zusammengemischt, zwei Ideologien, die Europa bereits viel Leiden gebracht hatten.

Das Tragikomischste an den Attacken dieser „liberalen" Eliten an Ungarn oder Polen ist ihr Weinen, dass „illiberale" Demokratien im Osten entstehen, **als ob die Kritiker selbst irgendwie liberal (freiheitlich) wären. Marktverzerrungen à la EU oder Zensur sind keinesfalls liberal im klassischen Sinne des Wortes, sie sind sozialistisch.** Das Wort „liberal" wurde bereits vor einer langen Zeit eigentlich „gestohlen", heißt heute etwas anderes in Amerika („sozialistisch", „linksgerichtet"), etwas anderes ursprünglich („freiheitlich") und etwas anderes in Europa (etwas dazwischen).

## Oder doch nicht DER Grund? So amateurisch gemacht.

Der Hauptgrund, warum ich nicht mehr glaube, dass die Umvolkung, Schmelztiegel wegen Vereinigte Staaten von Europa (oder eher EUdSSR) eine Verschwörungstheorie ist, ist **der unglaubliche Druck, den man auf die Ost-EU ausübt, um bei der Massenimmigration unbedingt mitzumachen.**

Wichtiger als Finanzstabilitätskriterien ist dies normalerweise nicht, für die Eliten jedoch sehr. Und das alleine deutet and die Umvolkung oder andere eher böse Gründe. **Was dagegen spricht: das es sehr sehr amateurisch durchgeschlagen wird**, sodass viele entfallen können, dass daraus am Ende am Besten nur noch eine Dschumhuriya Almaniya wa Faransiya wird (mit etwas Glück der Verschmelzer) und der Rest fällt stufenweise weg und errichtet feste Grenzen um das neue Reich.

Am Ende sehe ich leider kein prosperierendes Europa, zusammengeschmelzt oder nicht. Eher sehr gespalten, mit wiederbelebten Konflikten der Vergangenheit. Man sollte die Eliten lieber austauschen (wie in einer Demokratie üblich ist), vielleicht macht es jemand anderer besser, um Europa als Kontinent des Friedens aufrechtzuerhalten. Wir können doch auch bunt bleiben, die urpsrüngliche ureuropäische Multikultur, wir müssen nicht unbedingt zum Großen Reich verschmolzen werden.


Inzwischen bereitet die EU-Kommission in Dublin IV angeblich einen Plan vor, der vorsieht, einen dauerhaften Mechanismus der Umverteilung der Ankommenden zu schaffen und durchzudrücken. Im Namen wesen, warum handelt die EU-Kommission so, wenn nicht im Namen der europäischen Bevölkerung? Andererseits gibt es keine ernsthafte Bemühungen, den südlichen EU-Staaten Hilfe beim Grenzschutz zu gewährleisten. Kein Mechanismus, die Einreisenden, die kein Asyl bekommen haben, wirklich abzuschieben. Brüssel hat eine andere Agenda, das ist aus dem Ganzen klar. Und viele Wähler verhalten sich dabei schweigend, oder beiseite jammernd oder ganz wie Schafe, die geschoren werden sollen. Traurig, so etwas zu sehen, auf dem Kontinent, wo Hunderte Generationen unserer Vorfahren lebten.

## Großes Reich kann so nicht entstehen

Vor allem: Großes Reich Europa hilft nichts. Falls es trotzdem irgendwie helfen könnte (siehe Kapitel Geopolitik), kann es SO nicht friedlich gebaut werden. Es muss anders gemacht werden.

GRUND 8:
# RETTUNG EUROPAS, JEDOCH NICHT UMSONST
**(oder Bedeckung anderer Probleme)**

*Zu einer der bitteren möglichen Erklärungen gehört die, dass hinter der unfassbaren Flüchtlingspolitik ohne Grenzen und ohne Kontrolle etwas Wichtiges oder Grausames steckt, was nicht gesagt wird. Hier ist noch ein Grund, der mit dem Euro zu tun hat. Wenn es vielleicht nicht um Umvolkung für schnelle EU-Zentralisierung in einen europäischen Bundesstaat geht, kann es noch einen wilderen Grund geben, den wir nicht ganz ausschließen können. Stellen wir uns vor: Jemand mit viel Geld hat verschuldetes Europa gerettet und dies war nicht umsonst. Versuchen wir mal, diese wilde Theorie zu diskutieren.*

Viele Europäer sehen immer klarer, dass die Flüchtlingspolitik, die in Europa seit 2015 betrieben wird, nicht *nachhaltig* ist. Sie ist nicht ethisch (siehe Kapitel Moral), man sagt sehr viele Unwahrheiten über sie, man manövriert, sogar geltendes Recht wird gebrochen, es wird nicht in erster Reihe den Kriegsflüchtlingen und den Ärmsten geholfen und vor allem nicht den, die es am meisten brauchen und dort, wo es am meisten sinnvol ist.

Es wird gelogen, dass die Meeresgrenze nicht geschützt
werden kann, dass man nicht retten und dabei die Geretteten
zurück nach Afrika entladen kann. Die Schlepperhelfer hatten
es lange einfach, jedoch die, die ihre Schiffe kritisch
beobachteten, waren Pariahs und obwohl EU-Bürger, deren
Schiffe (ohne Migranten) wurden nicht in viele EU-Häfen
hereingelassen und mussten mit großen Problemen kämpfen.
Gleichzeitig haben sich die Eliten enorm bestrebt, Freiheit der
Medien und Meinungsfreiheit in dieser Frage zu verringern.
Auch Kriminelle unter den Eingereisten wurden oft mit
unglaubwürdigen Argumenten nicht abgeschoben. Wenn das
Ganze so absurde Züge vorweist, kann auch der Grund
dahinter absurd oder unglaublich klingen.

## Euro-Rettung im Hintergrund?

Zum Beispiel so: Der Euro hat mitverursacht, dass einige EU-
Länder plötzlich wesentlich niedrigere Zinsen hatten, und
zwar nach und wegen Einführung des Euros. Das lockte viele
dazu, mehr Schulden zu machen, und die Staaten waren keine
Ausnahme, gemeinsame  Regeln dabei brechend. Die
Schuldenmacherei hat lange Jahre (bis jetzt) gegen die
wichtigsten zwei Regeln aus dem Maastrichter Vetrag
verstoßen und das geltende Recht wurde gebrochen.
Die einzelnen Staaten sollten nie die 3% Defizitgrenze beim
jährlichen Budget überschreiten und es war so gemeint, dass
jeder Staat die öffentlichen Finanzen im Gleichgewicht hält
und nur im Falle einer Krise kann man bis zu 3 % mehr über
die Einnahmen ausgeben. Damit hätte man auch das andere
wichtige Kriterium halten sollen, also nie 60 % des BIP an
Schulden der öffentlichen Kassen anzuhäufen. Beides haben
die meisten (!) Eurozone-Mitglieder langfristig gebrochen.

Der öffentliche Diskurs war von denen dominiert, die es für
normal halten, Schulden zu machen. Jede Familie weiß, was
kommt, wenn sie zu viele Schulden anhäuft. Trotzdem
meinen bisher noch zu viele Menschen, dass bei Staaten
irgendwie straffrei die Norm sein kann, was bei Familien sehr
unklug ist und bittere Folgen hat.
**Das geltende Recht wurde hier nicht seitens der EU-Organe
durchgesetzt und - im Gegensatz zu den unvernünftigen
Umverteilungen der illegalen Einwanderer - hat sich da
niemand ernst bestrebt, auf dem rechtlichen Weg die
einstimmig angenomennen Obergrenzen zu erzwingen.** Das
galt bereits vor der Finanzkrise, und auch Deutschland hat
hier gegen geltendes Recht verstoßen. Die Finanzkrise hat
alles noch verschärft, jedoch nicht verursacht.

## Euro vor dem Aus

Die Schulden einiger Länder schnellten in Höhen, die viele
Wirtschaftsexperten als bedrohlich für den Euro einstuften.
Vielleicht unbezahlbar bei mindestens einem Land, eher
jedoch bei mehreren Ländern. Marktteilnehmer weigerten
sich, diese Schulden in Form von Staatseinleihen abzukaufen
und in diese zu investieren, da sie keinen festen Glauben
hatten, diese Schuldpapiere werden dann auch zurückbezahlt.
Einige bedrohte Staaten (bedroht durch eigene
Schuldenmacherei und durch den für sie zu starken Euro)
konnten nicht mehr die Anleihen verkaufen, die sie zur
Finanzierung der Budgetlücken dringend brauchten.
Auch die Mainstream-Medien haben damals ganz ernst damit
gerechnet, dass es passieren kann, der Euro wird sich
entweder spalten, oder überhaupt fallen, oder werden einige
Länder daraus aussteigen müssen.
Gold schnellte in bisher unbekannte Höhen. Einige Banken
waren bedroht, da sie sog. Aktiva („Vermögen" nur  in
Anführungszeichen) in ihren Bilanzen besaßen, die gerade
von der Zahlungsfähigkeit der südlichen Staaten abhängten.

Die Situation war ernst nicht nur für Banken, sondern auch
für Pensionsfonds und weitere Anleger, vermittelt eigentlich
für die meisten Inhaber der Bankeinlagen und viele Rentner
und zukünftige Rentner, die in Pensionsfonds investiert
haben, die wieder in diese Schulden investiert haben. Eine
prekäre Lage ganz bestimmt.

## Mit dem Auto durch Berlin

Ich erinnere mich an einen Tag, an dem Angela Merkel, die
deutsche Bundeskanzlerin, nach Medienberichten mit ihrem
Chauffeur durch Berlin stundenlang reiste und nachdenkte,
was jetzt getan werden sollte. Europa war an eine gefährliche
Kreuzung gelangt, wo keine einfachen Lösungen vorhanden
waren. Was sich damals in ihrem Kopf abspielte und welche
Möglichkeiten sie erwägte, werden wir vielleicht nie (oder
nicht bald) erfahren. Diese Entscheidung treffen zu müssen,
das war sicherlich nichts zum Beneiden.
Seitdem hat sich die Situation mit Hilfe von „unbekannten
Kräften" irgendwie durchgeschlagen und „gelöst", aus der
heißen Phase entkommen, obwohl die Schulden nicht
zurückgezahlt wurden und bei manchen Ländern sogar noch
weiter stiegen.

Es wurden europäische Mechanismen errichtet (zuerst EFSF
und dann bis jetzt ESM, der Europäische
Stabilitätsmechanismus), die die angeschlagenen Staaten
wieder auf die Beine bringen sollten. Die Europäische
Zentralbank hat dazu noch begonnen (meiner Meinung nach
gegen das geltende Recht – v. a. gegen die „No Bail Out"
Klausel), im gewissen Umfang die Staatsanleihen, die viele
Investoren auf dem Markt mieden, abzukaufen. Der ESM gab
Kredite in der Höhe von fast 300 Milliarden Euro und diese
Gelder musste er irgendwo bekommen, auch durch Anleihen,
die sich *jemand* kaufte.

So wurden Schulden aus einem Haufen auf das andere umgesteuert und finanziert – verkauft. Jemand hat diese Anleihen gekauft und damit riesig geholfen, das ganze Problem in die Zukunft zu verschieben. Natürlich, **Schulden kann man nicht durch weitere Schulden lösen, das ist keine Lösung.** Die akute Gefahr war jedoch weg und mit etwas Glück und etwas mehr langfristigeres Wirtschaftswachstum könnte man einmal eine Lösung finden, also zurückzahlen. Seitdem haben die Märkte und Investoren langsam mitgemacht und Anleihen der überschuldeten Staaten wieder gekauft. (Würde ich damals mitmachen und solche Staatsanleihen oder ESM-Anleihen kaufen? Sicherlich nicht. Würden Sie diesen Staaten Geld leihen, werter Leser? Auch nicht, glaube ich. Jemand hat das trotzdem gemacht und diese Entscheidung muss nicht unbedingt wirtschaftlich begründet gewesen sein.). Die Schulden sind immer noch da, das sollten wir nicht vergessen.

## Politisch, ideologisch oder religiös bedingt?

Es gab sicher bessere Alternativen, das eigene Geld (und Geld der Klienten) mit geringerem Risiko zu parken, das ist schwierig zu bestreiten. Trotzdem hat **jemand** diese Anleihen gekauft. Und dieser jemand haltet sie und kauft wahrscheinlich noch weitere zu. Dieser jemand hat große Macht über Europa, da er jederzeit diese Anleihen wieder auf den Markt werfen kann, mit verheerenden Folgen. Mindestens das glaube ich.

Dieser **jemand** ist eher nicht aus Europa und eher nicht ein staatlicher Akteur aus Amerika. Die Vereinigten Staaten hatten damals selbst Staatsanleihen verkaufen müssen, auch dort gab es und gibt es Schulden, die man durch Anleihen verkaufen musste. Japan hat noch mehr (und auch zuviel) Schulden, um anderen mit Schulden zu helfen. Die Schweiz oder Norwegen sind relativ klein, obwohl sie da etwas auch abkaufen konnten.

Also wahrscheinlich war das **jemand** außer die OECD-Staaten, der genug Geld hatte oder noch hat. Am besten mit Geldüberschüssen standen da Staaten wie z. B. die arabischen Rohölmonarchien oder auch China, vielleicht noch andere. Und dann gibt es sicher noch private Investoren, die auch andere als wirtschaftliche oder kurzfristige Gründe und Interessen haben können, die mit einer gewissen Absicht investieren können, z. B. um mehr Macht zu haben, die Welt so oder so zu gestalten.

Und jetzt verknüpfen wir diese Information, dass da **jemand** potentiell die EU erpressen kann, mit der Information, wie die unfassbare Flüchtlingspolitik aussieht. Könnte es sein, das **jemand** damals gesagt hat:

**„Wir retten den Euro und die EU, kaufen die Schulden langfristig ab, es wird jedoch nicht umsonst sein."**

Könnte es sein, was glauben Sie? Meiner Meinung nach lautet die Antwort JA. Es kann so gewesen sein. Es kann jedoch auch anders gewesen sein (siehe andere Kapitel).

Zum Beispiel:
**Wir retten den Euro, falls:**
**- sich Europa teils oder schrittweise völlig**
**multikulturalisiert, entnationalisiert, oder sogar islamisiert**
**- sich Europa vereint und/oder Demokratie abbaut (da „wir"**
**keine Demokratien in unserer Nachbarschaft als Beispiel**
**für unsere Bürger brauchen)**
**oder**
**- etwas anderes, was mit der Migrationswelle zu tun haben**
**kann.**

Dies klingt zwar konspirativ, eine Verschwörungstheorie könnte das sein, jedoch das, was in der Wirklichkeit passiert, übertrifft auch alle üblichen vorstellbaren Linien des logischen Denkens und der daraus ergehenden Schlussfolgerungen.

Es muss nicht so sein, aber es könnte auch so sein. **Wer zuviele Schulden macht, ist in Hand und unter Druck der Gläubiger. Wer Schulden macht, kann auch zu verzweifelten Lösungen greifen.**

Die Gläubiger können heute durch Anleihen oder noch kompliziertere Instrumente ganz anonym bleiben und trotzdem können Sie die Finanzwelt in verschiedene Richtungen drehen.

Es kann auch anders sein: wilde Spekulanten haben eingekauft und erpressen, oder, wilde Spekulanten, „linke" Milliardäre haben eingekauft und da sie an Multikulturalismus (siehe Kapitel Multikulturalismus) wie an eine Religion glauben, wollen sie diesen auch durchsetzen, gegen alle Wähler, Politiker oder sonstwas.

Oder es können auch Spekulanten diese Schulden halten, die einfach das Böse machen wollen, die auf den Augenblick warten, wenn alles zugrunde geht und sie verdienen, Gold oder Rohstoffe auch noch dabei haltend. So einer hat es doch mit dem britischen Pfund und mit ostasiatischen Währungen versucht und sich an Spekulationen gegen Währungen reicher gemacht: Herr Soros. Der Mann, der *zufälligerweise* sehr „promigrativ" spricht und *zufälligerweise* sehr gute Beziehungen zu den EU-Häuptlingen hat. So ein ähnlicher Investor kann es innerlich gut, oder auch böse meinen. Gutgemeint heißt nicht immer gutgemacht.

*Der Weg zur Hölle kann auch mit guten Vorsätzen gepflastert sein.* Karl Marx hat es vielleicht auch gut gemeint, jedoch die Folgen bei marxistischen Regimes waren verheerend: Millionen von Toten und wirtschaftlicher Untergang ganzer Regionen. Neomarxisten haben wieder mehr Einfluss heute, sie verstehen *The Big Picture* nicht, und es gibt viele von ihnen auch direkt in der EU am Steuer, die Generation 1968. Und auch unter großen Investoren gibt es solche Ideologen.

## Bedecken eines großen Problems

Es gibt noch eine weitere Möglichkeit. Die verrückte Politik wurde vielleicht nur deswegen gemacht, um etwas zu bedecken. Etwas, was mitten in Deutschland liegen kann. Wieder eher eine wilde Vorstellung: zum Beispiel die Abgasskandale oder Probleme einer großen deutschen Bank, oder etwas anderes (Veränderung der Institutionen innerhalb Deutschlands: polnischer Professor Grzegorz Górski hat eine Ansicht veröffentlicht, es können dahinter z. B. eine voranschreitende Zentralisierung Deutschlands oder Einführung der Zensur als Ziele stecken, die ohne Bedeckung für deutsche Wähler nicht annehmbar wären, mit den offenen Grenzen jedoch ohne Massenproteste verschluckt werden). Es können auch die Staatsschulden und Gesundheit der Banken sein, Berichterstattung über die man überdecken wollte und das ist eigentlich auch geschehen. Und so weiter.

Etwas, was normalerweise zum medialen Problem Nummer 1 für lange Zeit wäre, wurde durch die Flüchtlingskrise aus dem Weg gefegt und die Medien haben sich stattdessen der Flüchtlingskrise gewidmet. Wer spricht noch heute über das griechische und italienische Schuldenproblem als Problem Nr. 1 Europas? Über die Bankenprobleme? Über die Abgasskandale? Alles ist bedeckt durch die Migrationsströme und deren Folgen und die Streitigkeiten innerhalb der EU. Klingt immer noch zu wild. Sowie auch die Realität, die jedoch genauso wild klingt. Vielleicht kann auch so etwas stimmen, und vielleicht gelten andere Gründe, zum Beispiel die Umvolkungsstrategie (siehe Kapitel Schmelztiegel Europa oder Umvolkung nach Plan).

## Die Hauptfrage: Warum man überhaupt etwas retten musste...

Unter normalen Umständen hätte keine Rettung stattfinden müssen. Gesunde Wirtschaft, durch gesunde Regeln und Institutionen umgegeben, führt nicht in eine Sackgasse, wo man dringend Hilfe benötigt. Das Hauptproblem ist nicht, dass vielleicht jemand und vielleicht nicht umsonst die EU retten musste, sondern dass es überhaupt dazu kam, dass Europa in so einem Zustand war und ist. Vielleicht haben den Euro Pfuscher gemacht, genauso wie den Übermaß an Regeln, die bereits in Zehntausende gehen. Vielleicht war das von Anfang an die Absicht.

Eigentlich hat man der EU-Bevölkerung nie gesagt, eine einheitliche Währung braucht besonders bei Reformunwilligkeit einen gemeinsamen Staat. Die Menschen wurden nie gefragt, ob sie einen gemeinsamen EU-Bundesstaat wollen, und bekamen durch Hintertür eine gemeinsame Währung, die dazu führt, falls keine grundsätzlichen liberalisierenden Reformen gemacht werden. **Ich wusste bereits damals, es gibt nur vier Lösungen der <u>Quadratur des Euro-Kreises</u>, wobei entweder die Wähler oder die Eliten (also beide Gruppen zusammen) keines davon wirklich wollen:**

1) <u>Ein gemeinsamer Staat</u>, der viel mehr umverteilt, so wie in den USA beim US-Dollar. Idaho und New York können nur deswegen eine gemeinsame Währung haben, dass die ungleiche Wirkung einer Währung auf wirtschaftlich stärkere und schwächere Regionen durch Umverteilung gemildert wird. In einem Staat geht das, besonders wenn es nicht so viele erstickende Regeln gibt wie in Europa. Diesen Staat wollen die Wähler meistens nicht und es wurde ihnen nicht gesagt, dass dieser infolge der Euro-Einführung kommen soll.

2) Die einzige funktionierende Alternative mit gemeinsamer Währung, jedoch nicht mit einem gemeinsamen Staat ist <u>eine totale Liberalisierung der Wirtschaft</u>. Diese ermöglicht es den Ländern, die so verschiedlich sind wie Griechenland und Deutschland, sich gut anzupassen. Also z. B. neue Unternehmen und Aktivitäten schnell und einfach zu schaffen und betreiben (auch von den ganz ungebildeten Menschen – jeder kann doch etwas, falls nicht durch Regulationen unmöglich gemacht, dass auch diese Menschen etwas anbieten können). Oder es ermöglicht auch, im Notfall relativ schnell Löhne und Preise in Süden ohne Währungsabwertung nach unten zu drücken, damit all diese Staaten unter einer Dachwährung langfristig leben können und konkurrenzfähig bleiben. Politisch ist das schwierig, jedoch eher besser machbar, als undemokratisch einen Staat zu schaffen, wo die Regeln ein *Albtraum-Pellmell* sind. Beides ist jedenfalls nicht einfach.

3) Sowie auch der gefährliche dritte Weg einer <u>Inflation</u>. Man könnte die Preise in Ländern wie Griechenland und Ländern wie Deutschland auch anders anpassen: durch Gelddrucken und Inflation. Die Preise und Löhne würden in den wirtschaftlich stärkeren Staaten mehr steigen als in den wirtschaftlich schwächeren, was die Situation kurzfristig retten würde. Dies ist jedoch gefährlich und kann zur Hyperinflation führen, wobei dies nur kurzfristig wirken kann.

4) Die letzte und vierte Möglichkeit der **Quadratur des Euro-Kreises** lautet nur noch: <u>Zerfall des Eurolandes</u>, auch mit Folgen.

Inflation will eher keiner, besonders die Menschen mit Bankeinlagen nicht (also auch die Eliten nicht). Sowieso ist sie keine dauerhafte Lösung. Zerfall des Euros wollen die Eliten sicher nicht und die Folgen können auch hier unangenehm sein. Den EU-Bundesstaat könnte man vielleicht irgendwie durchschlagen, jedoch nur schwierig mit den undemokratisch agierenden Institutionen der heutigen EU, wo Gesetze in unvorstellbarer Menge im Schatten gebacken werden. Diese Institutionen sind (nicht ohne Grund) unbeliebt und es gibt keinen glaubwürdigen Reformer in Sicht. Also auch nicht machbar im Moment, oder  auch „nie".

Am besten wäre dann nur die weitreichende Liberalisierung und Deregulierung. Diese wollen die eher sozialistisch und korporativistisch denkenden Eliten nicht (jetzt sowie damals bei der Euro-Einführung). Statt Abschaffung der Zehntausenden von erstickenden Regeln machen sie noch weitere. Die Situation sieht düster aus. Die Eliten bemühen sich, den EU-Bundesstaat stattdessen zu schaffen, es geht jedoch immer schwieriger, da sie soviele Fehler machen, dass sie diesen Weg fast unmöglich machen. Und sie sind immer unbeliebter und je unbeliebter sie sind, desto mehr beißen sie, wie ein verletzter Kater, was deren Unbeliebtheit wieder erhöht.

## Steine auf den Straßen

Wie endet das nur? Liberalisierung und Deregulierung (für sogenannte „Liberale" unvorstellbar) ist in diesem Augenblick der einzige vernünftige Weg, auch wenn es den Euro gar nicht gäbe. Warum? Eine Parabel dazu.

*Stellen wir uns ein Netzwerk von Straßen vor, wo große und kleine Wagen fahren. Die Wagen sind die Firmen und Selbständige, die Wirtschaft. Ein Bürokrat kommt und wirft ein paar Steine auf diese Straßen, und diese Steie müssen umgefahren werden. Dies geschieht immer wieder, bis die Straßen schwierig befahrbar sind. Je mehr Steine, desto weniger Wagen. Die größeren Terrainwagen (Großfirmen) können das überwinden, die kleineren immer schwieriger.*

*Auch die größeren Wagen brauchen jedoch spezielle Ausrüstung und werden immer teurer. Alles, was sie befördern, wird damit teurer. Und so geht es weiter, bis alles langsamer fährt, es entstehen immer mehr Verkehrtsstaus, es sterben mehr Menschen durch Verkehrsunfälle und Autos, die es noch schaffen, in einem schlechten Zustand sind. Alle sind unzufrieden, auch die großen Wagen, die am Anfang begeistert waren, dass die Straßen endlich so wenige befahren und das sie alleine so viel Raum für sich haben.*

**Diese Steine sind die Regulationen, ein Übermaß an untransparenten Gesetzen, die die EU korporativistisch und sozialistisch denkend, anhäuft.** Das kann nicht gut enden. Liberalisierung ist dringend nötig, Abschaffung zehntausender Regulierungen, die niemand einhalten kann, da sie niemand, und auch nicht die Juristen, überhaupt lesen und verstehen kann.

Bei so einer Menge kommt es natürlich öfters vor, dass ein Gesetz mit einem anderen in Konflikt steht. Die Gerichte müssen einspringen und sagen, welches davon „mehr gültig" als das andere ist. Langsam beginnen die Gerichte, Regeln selbst und selbstsam nach einer Ideologie auszulegen und sogar neue vorschreiben und schaffen. Das ist keine Demokratie mehr.

Und in dieser Situation, wenn sich ein Land bemüht, etwas mit der Jurakratie (dazu noch mit den alten kommunistischen Richtern in Übermacht) zu machen (Polen), werfen die EU-Eliten Steine auch auf dieses Land.

Die Undemokratisierung ist fast vollendet, im Namen der
Demokratie und des Rechtsstaates mit Zehntausenden an
erstickenden Regulationen. War das Absicht von Anfang an,
oder war das nur Ungeschicktheit, ja sogar Dummheit der, die
so etwas geschaffen haben? Schaffen wir das noch zurück zur
Demokratie?

## Böses Wort für sog. „Liberale", die keine sind: Liberalisierung

Liberalisierung ist so ein böses Wort für diese sozialistischen
Eliten (die sich komischerweise oft auch Liberale nennen),
dass für sie eigentlich nur die EU-Bundesstaat-Lösung
akzeptabel ist. Mit Worten einer Kanzlerin ist diese Lösung
für sie ALTERNATIVLOS. Also ein Staat, die Vereinigten
Staaten Europas, oder so etwas. Mit mehr Zentralmacht, mehr
Regulation, mehr Planwirtschaft, mehr Sozialismus und
Korporativismus. Sowjetunion 2.0 oder die EUdSSR.

Man weiß natürlich, es würde Probleme geben, falls die
Deutschen anders stimmen als die Franzosen, die Italiener
anders als die Schweden, und so weiter. Und daher hat man
vielleicht heimlich beschlossen, die Umvolkung
durchzuführen (siehe Kapitel Schmelztiegel Europa oder
Umvolkung nach Plan). Dann kann man auch etwas mehr
Demokratie wagen, vielleicht, wenn es keine Deutsche und
keine Franzosen gibt. Vielleicht, wenn es noch bei dem
Rechtsdschungel geht.
Das Problem ist nur, dass sie damit Gegenkräfte aus dem Sack
geholt haben, dass sich einige nicht so gut
entnationalisierbaren Ethnien wehren und Gegendruck
entsteht. Es kommt zu ganz komischen Situationen, wo die
Umvolker mit „europäischen Werten" fechten, wobei die
andere Seite mit Demokratie argumentiert. Man muss also
zwischen Demokratie und angeblichen europäischen Werten
entscheiden. Wie kann das nur enden?

GRUND 9:

# DEUTSCHLANDS IMAGE VERBESSERN

*Vielleicht wollten die regierenden Kreise und dazu auch Teil der Bevölkerung zeigen, wie anders, besser, großzügig, menschlich und freundlich Deutschland heute ist und wie sehr man durch Beispiel Probleme lösen will, ohne über die Folgen nachzudenken. Liebe zu geben heißt sein Land in das beste Licht zu stellen. Bereits Beethoven träumte davon: Alle Menschen werden Brüder. Er träumte jedoch nicht davon, dass Millionen Geschwister der Welt ohne Frist und Obergrenze in einem Haus oder Dorf leben sollten. Die Willkommenskultur ging viel weiter.*

*Oberflächlich schön und gleichzeitig naiv, diese Denkweise erinnert an Kommunismus des Genossen Marx: Jeder nach seinen Fähigkeiten, jedem nach seinen Bedürfnissen! Das kann natürlich nicht funktionieren, Bedürfnisse haben <u>keine Obergrenze</u> und Fähigkeiten können sich ohne finanzieller Motivation bei vielen nach unten drehen, und noch schlimmer wird es, wenn es Geld für Nichtstun gibt. Das wissen viele, die unter solchen Losungen mit immer mehr Rückstand zum damaligen Westen Europas aufgewachsen sind.*

Es ist so logisch und so einfach zu verstehen. Wenn ihr Honig am Rande des Waldes stellt und Menschen, Bären oder Insekten kommen, wenn ihr Geld aus dem Hubschrauber wirft, Menschen darunter werden sich mehr und mehr häufen und nehmen, wenn Amerika vor einigen Jahrhunderten Land zur Verfügung stellte, Menschen aus Europa verließen ihre Häuser und Familien. **Je mehr, desto mehr.** Das ist wie ein Naturgesetz. Wer daran nicht glaubt, kann nur beim Märchenvorlesen erfolgreich sein, jedoch nicht beim Staatslenken. Das Prinzip ist klar. Eine alte Redewendung: **Dumm, wer gibt, dummer, wer nicht nimmt.** Es gibt jedoch auch noch solche, die **aus Taschen anderer** sehr gerne viel nehmen und erst dann geben.

## Handy zu Handy, Kontinent zu Kontinent

Deutschland gibt generös, was sich in einer Info-Ära sehr schnell verbreitet, Handy zu Handy, Kontinent zu Kontinent. **„Ich gehe auch"**, entscheidet sich mancher (typisch: junger Mann), das Geld wartet auf mich, und vielleicht noch mehr – mein Vetter hat gerade telefoniert, es fallen dort vom steuerfinanzierten Himmel gebratene Hühnerschnitzel, Gelder regelmäßig dazu und ein Familienhaus gibt es manchmal auch. Vielleicht übetreibt der Vetter ein bisschen, macht nix. Hm, nehmen die nicht nur Kriegsbetroffene und Verfolgte, was ich nicht bin, sagen die mir nicht, dass ich im ersten sicheren Land Antrag stellen sollte, wie in deren Gesetzen klar geschrieben ist?

Keine Sorge, komm rein und genieße alles, was dir der deutsche Steuerzahlervertreter gibt. Menschen werden fast nie abgeschoben, auch wenn von sicheren Ländern gekommen und sogar auch die mit abgelehntem Asyl. Eindeutig besser als zu Hause, und auch wenn sie dich mal wirklich nach Hause schicken, dann mit genug Geld – Ferien ohne Risiko – wer würde das nicht *riskieren*?

Und  so haben sich verständlicherweise viele auf den Weg gegeben, mit „Deutschland, Deutschland" auf den Lippen. Warum gerade Deutschland? Damit meinen sie nicht etwa Liebe zur deutschen Kultur, Sprache und zu den *langfristig Angesessenen*, Begeisterung für Goethe, Schliemann, Schopenhauer, Fachwerkhäuser, Brandenburger Tor, Bremer Musikanten, Oktoberfest, Schwarzwald, Alpen, Harzgebirge, Sanddünen der Ostsee, Felder, Dörfe und Städte mit ihrer Seele und ihren Sehenswürdigkeiten. „Deutschland, Deutschland", das heißt hier vor allem Geld, Leistungen, für viele auch eine Menge an Gleichgesinnten in Parallelgesellschaften und neue Moschees. Manchmal mit Predigern, die nicht gerade freundlich über *langfristig Angesessene* denken, bis diese nicht konvertieren (erst dann gilt auch für sie: alle Menschen werden Brüder). Man kann auch Vieles erfolgreich verlangen, die *langfristig Angesessenen* sind ganz formig und weich. Mindestens der neulinke progressive Teil von ihnen. Es ist einfach, die eigene Welt miteinzuführen. Im schlimmsten und seltenen Fall wird man nach Hause zurückgeschickt, mit Geld. Auch wer Böses tut, wird meistens nicht abgeschoben: ist das nicht ein Paradies?

## Honig aufgestellt

Deutschland hat Honig aufgestellt und Menschen kommen. So wie es *jemand* geplant hat. Wer steht dahinter, wer kann nur dahinter stehen? Einige Namen könnten wir nur ahnen. Spieglein, Spieglein an der Wand, wer ist der Schlaueste im ganzen Land?

All die Märchen über Kriegsflüchtlinge und nötige Reaktion auf Flüchtlingsstau in Ungarn sind nur das – Märchen. Menschen aus 104 Ländern hat die ungarische Polizei im Herbst 2015 unter den illegalen Reisenden gezählt, die deutsche Mainstream-Presse sprach jedoch kein Ungarisch und übersetzte dieses Zahl mit „Kriegsflüchtlinge". Journalisten, bitte Sprachen lernen! Oder mindestens Fragen stellen, falls das der Chef noch zuläßt.

Praktisch alle – ob in Ungarn, Balkan, Griechenland oder noch in der Türkei – haben bereits gewusst, wo sie hingehen. Lasst uns durch nach Deutschland! Die Tschechen, Slowaken, Polen oder Ungarn haben gezittert, sie werden dabei auch gegen den Willen der dortigen Wähler von der W-Kultur **mitver(ge)walt(ig)et**, ganz nach Orwell: **Solidarität ist Zwang, Bereicherung ist Last, die man teilen muss**. Bisher vergebens: auch die Zwangsumsiedlung klappte nicht. Die meisten, die nach Litauen geschickt wurden, sind nach Deutschland geflohen. Sogar die sorgfältig ausgewählten Christen direkt aus Irak, die ganz willkommen und begründet Wohnungen und Asyl in Tschechien bekommen haben, sind weg: in der Bundesrepublik. In dem **achten sicheren Land**, das Honig aufstellt.

## Neue Industrie geboren, Hebamme hilft mit

Vervollkomnung dessen, was bereits bevor angefangen und wahrscheinlich geplant war. Wer hat die Info so geschickt in weite Teile Afrikas und Asiens verstreut? Derselbe hat, bewusst oder unbewusst, auch die ganze Schlepperindustrie entstehen, geboren lassen oder enorm gestärkt, egal was davon besser passend ist. Der oder die ist Mutti/Vati der Schlepperkultur. Eigentlich Straftat nach dem geltenden Recht, glaube ich. Aber wer bin ich – einer, der Gesetze nicht beugen kann, also die untere/mittlere Schicht.

Die oberste Schicht kann das, und nichts passiert ihr. Wie weit ist es vom Beugen der Gesetze zum Untergang der Gesellschaft? Wie weit ist es dorthin von deren totaler Undurchsichtigkeit (*„Brüsseler Gesetzsprossen"*), an der man ständig mit neuen und umfangreicheren Gesetzen arbeitet? (siehe Kapitel <u>Rechtspflicht</u>)
Werden das die, die diesen Dschungel schaffen, nicht später bereuen? Können sie die Folgen nicht absehen? Eher nicht. Augen zu und weitermachen! Folgen gibt es nicht, es gibt nur das *Große Jetzt* der europäischen (Un)verantwortlichkeit. Den Brexit haben wohl nur böse Geister ***dort drüben*** verursacht. Die neuen Verhältnisse in Deutschland haben der Schlepperindustrie neue Batterien gegeben, die Bewegungen wurden erst richtig angezündet und die ganze illegale Industrie kam dadurch in Schwung. Die Schlepperindustrie achtet keine Gesetze, ihre politischen Väter und Mütter achten sie auch nicht. Einigkeit der Täter, aber wo blieb Recht und Freiheit der *Alteingesessenen*?

## Honigland und seine Kopien

Die Willkommenskultur ist nur eine Ergänzung dessen. Noch einmal, wichtig: Die Flüchtlinge haben nie „Ungarn Ungarn" gerufen, sogar nie „Österreich und Schweiz" (die Schweiz ist reicher als Deutschland, und trotzdem hatten die Flüchtlinge und Migranten Deutschland auf den Lippen). Sie wollten und wollen meistens auch nicht in Italien bleiben, sie wollen nicht nach Tschechien oder Polen. Sie wollten einzig nach Honigland und dessen Kopien: Deutschland, Schweden und Großbritannien (ja, auch dort, macht nix, dass GB die EU verlässt, hauptsächlich, dass dort Honig mit Parallelgesellschaftbeilage auch **Easy Peasy Lemon Squeezy** zu bekommen ist).
**Stellen Sie sich das vor: manche „Flüchtlinge" „fliehen" aus dem „unsicheren" Frankreich in das „sichere" Großbritannien.** Ist das noch irgendwie real glaubhaft oder träumen wir bereits?

Niemand schiebt sie – Illegalreisende - dafür aus dem neunten sicheren Land ab, sie haben doch Rechte, in das zehnte sichere Land zu kommen. Illegale Rechte? Auch solche, dass dabei LKW-Fahrer aus Polen ums Leben kommen können (ein Grund mehr, die sog. Lohndumpingkarte bei LKW-Fahrern seitens Frankreichs *Monsieur le Président* gegen die EU-Regeln zu spielen?).

Das neue Multikulti-Europa entsteht und Blut fließt, um das sichere Land drüben auf der anderen Seite des Channels zu erreichen. Natürlich sehr schlechte Ironie, sorry. Kann ich noch so etwas im freien Teil Europas schreiben? Ist der immer noch frei? Meinungsfreiheit – eine der Grundlagen der Prosperität, ist mehr gefährdet als sie es je in der demokratischen Nachkriegszeit war. Haben die Wahlen 2017 in Deutschland und 2018 in Italien etwas geändert? Mal sehen.

## Warum brauchte gerade Deutschland, sein Image zu verbessern?

Ganz verständlich ist das nicht, falls Imageverbesserung der wirkliche Grund war. Ihr wart überdurchschnittlich beliebt, ohne marschierende Flüchtlingsströme. Vielleicht ist das also nur ein Teilgrund oder Scheingrund.

Am Anfang einer „Aktion" gibt es immer ein Bedürfnis. Wir können spekulieren, welches Bedürfnis wichtiger sein konnte: sich als Helfer, Gut- oder in manchen Fällen sogar als Bessermenschen zu fühlen, sich damit für die Kolonialzeiten ganz (West-)Europas zu entschuldigen, für die Nazi-Verbrechen (ungerecht immer noch als Kollektivschuld weitervorgeworfen?), oder sogar dafür, das man in diesem Teil der Welt materiell reicher ist?

Bist besser dran, das ist in dem linken Auge fast ein Verbrechen: alles zu teilen ist Pflicht oder so ungefähr. Weiß-reich-stark-gesunder nazi-kolonialer Grundstücks- und Hausbesitzer und ex-Sklavenhalter, frech in einem friedlichen Staat lebend, du!

Auch noch Kreuzritter können dazugemischt werden.
Bestimmt war mindestens einer von deinen Millionen
25xGroß-vätern Kreuzritter und deine Vorfahren auf der
anderen Seite, die es selbstverstänglich auch geben musste,
gelten nicht. Zahle, bis du sich erkauft hast. Und so weiter,
und so fort.
Das alles oder noch mehrere psychologische Gefühle, die aus
der Tiefe vieler Seelen plötzlich herausspringen können,
sollten mit einer stärkeren Karte des Gutmenschen überbietet
werden. War das nötig? Hilft das irgendwie? (siehe Kapitel
Moral)

## Ist Deutschland jetzt beliebter?

Deutschland gehörte vor der Grenzöffnung zu den
beliebtesten und meist positiv betrachteten Ländern der Welt.
Fast überall. Eindeutig: Deutschland brauchte überhaupt
nicht, so etwas zu machen, vor allem gar nicht wegen
Imageverbesserung. (Schweden brauchte das auch nicht).
Glaubt jemand ernst, dass es jetzt besser ist? Was das EU-
Ostmitteleuropa angeht, es ist leider nicht besser,
Deutschlands-Regierung hat Ruf des Landes (der so gut war!)
etwas verdorben. Nicht für immer, jedoch für jetzt. Nicht für
alle, nicht die Normalbürger Deutschlands (die man immer
noch mag), aber trotzdem mindestens die Regierung und
naive Mitmacher, vor allem die Zwangssolidarisierer und
Zwangsumverteiler – die bestimmt sehr.
Im Westen Europas (Österreich, zum Beispiel) gab es vorher
auch mehr Bewunderer Deutschlands als jetzt, es gibt immer
mehr Verunsicherte, und es gibt auch mehr Stimmen für
Parteien, für die viele vorher nie stimmen würden (Front
National/Rassemblement National, zum Beispiel, ist stärker
geworden, auch durch Merkelpolitik). Österreich und Italien
hat diese Politik auch sehr verändert.

Brexit – meiner Meinung nach – hätte ein paar Prozent
weniger Stimmen ohne den Alleingang Merkels, ohne die
Verachtung der Gesetze, der EU-Vereinbarungen und ohne
die Grenzöffnung. Die Briten haben auch gefühlt, wer mit der
EU im Hintergrund etwas mehr als andere wedelt. Das hat
Brexit nicht allein verursacht, jedoch mitverursacht. Jeder
Prozentpunkt war wichtig, und ohne diese verrückte Politik
gäbe es ein paar entscheidende Prozentpunkte weniger.

## Außer Europa...

Wenn nicht in der EU und in Europa (leider nicht), ist
Deutschland jetzt beliebter als vorher woanders? Zum Beispiel
in der Türkei - in dem ersten sicheren Land für Syrien in
nördlicher Richtung. Türkei bekommt jetzt 3 Milliarden Euro
für ein Deal, das das Land nach Medienberichten eigentlich
nicht erfüllt, Europa und vor allem Deutschland zahlt
trotzdem. Der Deal war sehr fraglich, weil das, was wirklich
geholfen hat, waren die vielen neuen Zäune an den Grenzen,
die Ungarn, Herr Kurz (heute Kanzler Österreichs, damals
Außeminister) und die Balkanstaaten errichteten.
Deutsche Eliten haben die Zäune beschimpft, die gleichen
Zäune, die Deutschland helfen, die Menschenmenge aus dem
Süden zu verringern. So oder so, die Türkei bekommt das
Geld. Türkei wurde entlastet – Hunderttausende Syrer sind
jetzt in Deutschland oder Schweden und nicht in der Türkei.
Die Dankbarkeit der Türkei ist nicht gerade hoch, die
Beziehungen sind unbestritten viel schlechter geworden.
Auch unter den einfachen Menschen in der Türkei ist der Ruf
Deutschlands nicht wirklich besser als vorher.
Wenn nicht in Europa und in der Türkei, ist Deutschland jetzt
beliebter in Amerika? Die Mehrheit für Donald Trump (u. a.
einen starken Kritiker der Merkel-Einwanderungspolitik)
könnte da auch etwas verraten. Eher nicht, Deutschland ist
wahrscheinlich nicht beliebter in den USA als vorher.

Und dies gilt leider auch umgekehrt. Die westliche Allianz ist dadurch schwächer, was Herrn Putin sicher freut. Und auch das ist eine der Folgen der offenen Grenzen, die nach Gutachten der Rechtswissenschaftler des Bundestags (!) bisher *ohne rechtliche Grundlage geblieben sind* (ich bin kein Bundestagjurist, so kann ich es direkter sagen: das geltende Recht wurde meiner Meinung nach einfach gebrochen und weiter passierte nichts, ist das noch Rechtsstaat? Oh, ich habe vergessen, alles was mit R-E-C-H-T beginnt, muss durch die Progressiven in die rechte Ecke geschoben werden).

## Indianer und Einwanderung

Übrigens, Amerika... Warum soviele Deutsche (links und rechts) überdurchschnittlich sauer auf Amerika sind, kann man schwierig verstehen. Amerika hat Frieden und Freiheit in Europa (im Westen Europas) lange gesichert und meistens auch selbst bezahlt. Sicherheit und Freiheit war eine der wichtigsten Grundlagen der heutigen Prosperität. Dasselbe gilt nicht nur für Europa: Beispiele Japan, Südkorea zeigen dieselbe Story.

Aber Amerika, jetzt (immer noch) Anführer der freien Welt, hat für die Willkommenspolitik auch noch einiges an Belehrung. Die Indianerstämme wurden durch Einwanderung zur kleinen Minderheit und ihre Kultur ist teils verloren, sowie auch die meisten Sprachen. Und jetzt geht (West-)Europa denselben Weg, jedoch sogar freiwillig, und gewährt dieser Richtung dazu noch enorme finanzielle und politische Unterstützung. Diese Ausradierungspolitik der eigenen Kultur wird von den meisten Wählern teils mitgemacht oder teils jammernd zugelassen. Klingt das irgendwie übertrieben? Rechte Ecke, deutscher Nationalismus? Einem Deutschen können so etwas die gleichgeschalteten Medien ungerecht manipulierend ununterstellen und machen das auch immer wieder.

Für mich eine Deja-Vu-Situation: Ähnlich war dies in der kommunistischen Ära: die etwas milderen Kommunisten wurden als „Rechte" beschimpft, obwohl sie unangenehm links mit ihren Einsichten standen, nur ein bisschen anders als die regierenden. Komisch, aber trotzdem wurde das damals gemacht. Historia magistra vitae, wobei sie sich oft eigentlich wiederholt. Und jetzt dasselbe nach gleichem Muster in Deutschland. Bei mir ist es „a bisserl" schwieriger: deutschen Nationalismus zu unterstellen, wäre noch komischer bei einem Tschechen, der in Tschechien lebt und dessen letzte deutschsprachige Vorfahren im 19. Jahrhundert gelebt haben.

## Falls dies Ziel war, ist es misslungen

Falls der Hauptgrund dieser Flüchtlingsaktion „Verbesserung des Image Deutschlands" war, ist dies nicht gelungen. Ich sehe dies stark in die andere Richtung zu gehen, leider. Aber das vor allem von der Perspektive Tschechiens, Polens, der Slowakei, Ungarns, Österreichs, Italiens, usw. Wenn man etwas Fragliches anderen aufzwingt, kann man doch nicht erwarten, dass man beliebter wird. Das gilt für die Regierenden, nicht für Silke und Otto Normalbürger. Übrigens, hat jemand von der Willkommenskultur überhaupt darüber nachgedacht, warum die ganze Aktion durch „Marschieren Marsch" über sieben oder mehr Grenzen gemacht wurde (sicher Leiden für die seltenen, aber trotzdem vorkommenden Frauen mit Kindern in dem Marsch) und nicht lieber mit Flugzeugen? Wäre das nicht humaner, mit gleichem Ergebnis? Wollte damit jemand etwas vorführen, die Medienaufmerksamkeit auf sich reißen, oder andere Themen vertuschen? War die Art und Weise (die immer noch in kleinen Mengen weitergeht) im Einklang mit den offizielen Aussagen? Ich glaube das nicht. Und Sie?

**<u>Summa summarum:</u> Deutschland war beliebt und respektiert unter den Nachbarn (und in der Welt) gerade am meisten vor der Aktion „unkontrollierte illegale Einwanderung".**

Falls für Deutschland sein Image in Bangladesch und Nordafrika wichtiger war, als in den Nachbarländern, dann machen deutsche Politiker Ihren Job vielleicht gut. Mit den Drohungen aus Brüssel und Berlin Richtung EU-Ostmitteleuropa hat sich die Stimmung erst sehr gekippt, und zwar gegen die deutschen Eliten. Das war auch mein Zeitpunkt des Umdenkens. Von dem Denkmuster - „Angela", eine ganz sympatische, aber nicht immer gut agierende Kanzlerin ohne wirkliche Lösungen, bis zum Denkmuster „das ist schrecklich, die kann Europa nur vernichten – Recht gebrochen, schlechteste Beziehungen in der Gemeinschaft, Zwang und Gewalt, Zensur und neue Wellen an Antiamerikanismus und Import des Antisemitismus".
Auch in Frankreich passiert vorher Unvorstellbares in Zusammenhang mit der alten Einwanderung: Juden ziehen aus dem Land weg. Damit ist zu erkennen, das die Naiven etwas angerichtet haben, was sie eher nicht wollten. Wir sehen klar (auch in der Ost-EU), wie die Integration dort gelungen ist – mit brennenden Autos, Unterschieden in Arbeitslosigkeit sogar noch bei dritter Generation der Migranten und mit fliehenden jüdischen Mitbürgern (40 Tausend Menschen jüdischer Abstammung in 10 Jahren!), mit betenden Straßen, die man sogar in der muslimischen Westtürkei nicht sieht. Frankreichs Taten sprechen so laut, dass man seine Worte nicht mehr hören kann (Zitat Ralph Waldo Emerson: *Was du machst, spricht so laut, dass ich nicht hören kann, was du sagst*). Trotzdem wollen viele weiter dasselbe dem Ostmitteleuropa aufzwingen. Wenn man etwas anderen aufzwingt, kann man doch nicht erwarten, dass man beliebt ist.

Vor allem wenn man dabei auch noch Recht bricht, die EU an den Rand des Zerfalls bringt, und auch moralisch mit der ganzen „Aktion" im tiefen Minus steht (siehe Kapitel <u>Moral</u>). Einfach unverständlich, manche sind unbelehrbar und das ist für Europa nicht gut.

Empfang von Millionen Menschen hat natürlich nicht einmal 0,01 % der Probleme in der „dritten" Welt gelöst, wobei dies neue Probleme hier in Europa geschaffen hat. Deutschland und sein Bild und Ruf haben damit leider mehr verloren als gewonnen.

*Gold öffnet alles. Auch die Tore der Unterwelt.*
**Lucius Aenneus Seneca**

*Wes Brot ich eß, des Lied ich sing.*
**Deutsches Sprichwort**

GRUND 10:
# KORRUPTION, ERPRESSUNG DURCH FEINDE EUROPAS

*Etwas muss dahinter stecken. Oder jemand? Wenn soviele Gründe unwahrscheinlich klingen oder bei näherer Untersuchung eher als Manipulation aussehen, da muss es vielleicht noch andere Gründe geben. Daher können wir den Grund Korruption oder Erpressung auch nicht ganz als Hauptgrund ausschließen. Wer und warum würde unsere Politiker bestechen oder erpressen, um eine unvernünftige und gesetzwidrige Flüchtlingspolitik zu starten? Sind sie überhaupt erpressbar oder bestechbar?*

Die Antwort auf die zweite Frage ist klar: ja, viele Politiker sind bestechbar und bei bestimmten Bedingungen korruptionsreif, falls der Handel *Entscheidung fürs Geld/andere Vorteile* „klug" gemacht wird. Trotzdem kommen viele solche Unverschämtheiten auch bei sehr wichtigen Politikern ans Tageslicht, und beweisen, dass unsere Politiker nicht immun gegen Bestechung sind. Es gibt jedoch nicht nur die „klare Korruption", wo einer mit Position etwas entscheidet und der andere dafür etwas gibt oder verspricht. Es gibt auch viel kompliziertere Schemen, von denen nicht oft viel ans Tageslicht kommt.

## Selten in Europa oder nicht?

Korruption ist eigentlich gar nicht so selten in Europa, wie man – im Vergleich mit anderen Regionen - meinen könnte.

Besonders die sog. legale „Korruption", die sich eher unter Lobbying versteckt. Es werden ganz offiziel öffentliche Gelder an starke Gruppen und Einzelpersonen gegeben, oft ganz legal aus den europäischen oder nationalen Budgets. Auch Milliardäre bekommen Geld aus den EU-Töpfen, was sicherlich nicht normal sein sollte. Wer Milliardären große Gelder gibt, erwartet auch etwas von ihnen, sonst würden die Gelder woanders fließen, zum Beispiel auf legitime Ziele: Altersarmut, Hilfe für kranke Menschen, Hilfe für die wirklichen Kriegsflüchtlinge im ersten sicheren Land, und so weiter.

Warum wird das gemacht? Warum bekommen diese EU-Gelder zum Beispiel nicht alle gleich (Grundeinkommen-Idee) oder wenn nicht alle gleich, dann warum nicht die Schwächsten Europas oder auch Nichteuropas? Warum fließen die Gelder immer über die starken Figuren, Unternehmer, Politiker, manchmal undurchsichtige Organisationen oder NGO-Strukturen? Und zwar auch die Entwicklungsgelder, die dort im weiten Süden helfen sollten. Warum lügt man in der EU so oft darüber, dass „ganze Länder" im Osten diese Gelder bekommen, um das Wirtschaftsniveau anzugleichen? Die Gelder bekommen immer nur bestimmte Menschen, Unternehmen (oft auch ausländische, die sie dann wieder über Dividenden absaugen) und bestenfalls einige nützliche Projekte, aber nie ganze Länder oder Regionen.

Manche solche Unterstützungen schaden sogar langfristig, da sie dann aus dem regionalen oder nationalen Budget ständig Subventionen brauchen, um wirtschaftlich lebendig zu bleiben.

Ein kleines Plus für jemanden, wobei so ein Projekt später viel und regelmäßig in die öffentlichen Taschen greifen wird. Jemand profitiert und jemand bezahlt. Gerecht? **Gleiche Chancen gehabt, diese EU-Gelder zu bekommen? Natürlich nicht, sonst würden alle einen Antrag stellen.**

In diesem Sinne ist das meiner Meinung nach eine Korruption, um sich etwas von einer einflussreichen Minderheit zu erkaufen. Die EU ist mit solchen kleinen „legalen Korruptionen" (mein Begriff) total verstrickt, es ist in diesem Sinne meiner Meinung nach eine Korruptionsgemeinschaft: mal Gelder für meine oder Ihre Konkurrenten (Wettbewerbsverzerrung pur), mal für eine nicht existierende Internetseite für Katzen, mal Gelder für Gay-Touristen-Dienstleistungen, die es vielleicht sogar nie gab. Oder für eine große Schwimmhalle in einer so kleinen Stadt, die ständig mehr Kosten als Einnahmen verursacht und ständig den lokalen Steuerzahler melken wird.

## Legale Korruption

Der Grund dafür ist eher nicht, dass diese Eurofondsgestalter auf der EU-Ebene einfach naiv sind und die Folgen nicht absehen können. Dies ist der offiziele legale Teil der Korruption, die man offiziel nicht als Korruption bezeichnet. Man kauft sich Unterstützung, Gehorsamkeit, Unterordnung einer gewissen Politik.

Diese Umverteilung ist extraktiv, also schädlich für Europa, sie stärkt meistens die ausgewählten Starken und schwächt die anderen Steuerzahler, und zwar West und Ost. Es wird so oft wiederholt, dass der ganze Osten von dem ganzen Westen Geld bekommt, dass einige zur Gläubigen dieser Phrase wurden. Nichts ist weiter von der Wahrheit, diese Gelder sollten anders benutzt werden: entweder den Schwachen, oder allen gleichmäßig verteilt. Das würde Europa besser vereinen als die Selektivität der Bestechung ausgewählter Gruppen.

Also noch einmal zur angeblichen West-Ost Umverteilung. Diese Vorstellung ist ganz falsch: Nur ein kleiner Teil der Unternehmen und Menschen bekommt, und der Rest bezahlt dafür sogar zweimal (einmal durch EU-Budget, und nochmals über Pflichtmitfinanzierung aus dem nationalen Budget).

Im Westen, aber auch im Osten sind die meisten Bürger Nettozahler und nur die wenigen Nettoempfänger. Wohin eine extraktive Umverteilung führt, kann man in der Literatur der Volkswirtschaftler erfahren: in die Hölle des wirtschaftlichen Untergangs.
Je mehr extraktive Umverteilung, desto schwächer man am Ende wird. Griechenland (nicht das Land als Ganzes, sondern Ausgewählte) hat ganz viel an diesen Geldern „selektiv" bekommen, und wo ist das Land heute? Da es nicht Griechenland war, sondern „einige in Griechenland", die davon profitiert haben. Ich nenne das institutionalisierte oder legale Korruption. Auch die muss beseitigt werden, falls Europa prosperieren will.

Diese legale Korruption beeinflußt Politik stark, anstatt der Wähler. Ganze Länder sind mit der Phrase im Munde „ihr bekommt doch so viele Gelder" zum Schweigen gebracht, sie sollten daher der gemeinsamen (sprich: der Linie der ausgewählten Eliten) treu gehorchen. Wenn der Politiker noch selber bestochen wird (mit EU-Geldern, solche gibt es unter den Regierenden), schweigt er dann, da er diese Gelder nicht verlieren will. Ist illegale Korruption viel anders als das, was bei der legalen passiert? **Wir bezahlen aus Taschen anderer, du schweigst und mitmachst, deine Schafe werden mitgeschoren und es wird ihnen vorgeworfen, dass sie viel bekommen. Perfekt ausgedacht und böse.**
Wenn dies trotzdem nicht passiert oder sich ein Land weigert, werden Schmiermethoden und Schimpf- und Hetzekampagnen gegen dieses Land gestartet. Somit kontrollieren einige Top-Politiker Deutschlands und Frankreichs, manchmal auch andere gleichgesinnte oder gleichgesinnt gemachte, die Richtung Europas.

Statt der Wähler. Diese Korruptionsgelder fließen auch in die Medien und an „die richtigen" Ideologien und deren Vertreter. Somit ist Demokratie beschädigt und manche Richtungen haben ungerechten Vorteil in der politischen Arena. Viele glauben dann an das, was sie von den gleichgeschalteten Medien hören oder lesen.

Diese Politiker sind wahrscheinlich nicht die Auslöser, Wegweiser und ultimativen Entscheidungsträger. Es gibt eher noch *jemanden* dahinter, der die Faden zieht, mindestens so scheint es zu sein.

## Halblegale und illegale Korruption

Diese Politiker, die die Richtung vorschreiben, scheinen dabei gesteuert zu werden, und zwar nicht primär von den Wählern. Was spricht dafür? Die Korruptionsskandale, die manchmal auf Tageslicht kommen. Die wendehalsartigen Meinungen, über die vielleicht auch die Politiker selbst staunen müssen, wenn sie ins Spiegel blicken und nachdenken: **Oje, dies habe ich vor Jahren ganz umgekehrt gesagt** (siehe Kapitel <u>Ideologie des Multikulturalismus</u>). Wenn man sich „warum" fragt, kann eine der Erklärungen im Bereich Korruption oder Halbkorruption liegen. Wobei Korruption ist, direkt jemanden zu bestechen, mit Geld oder anderen Werten, Posten oder zukünftigen Posten, um etwas durchzusetzen oder etwas zu sagen, verändern usw., die Halbkorruption ist schwierig nachzuweisen, da diese nicht direkt und klar mit der durchgesetzten Richtung zusammenhängt. Zum Beispiel: Wirst du gut bei der Durchsetzung dieser oder jener Politik, wartet auf dich eine sehr gut bezahlte und ehrliche Funktion – in der EU, bei der UNO, oder in der Privatsphäre, oder wenn es nicht geht, dann werden dich verschiedene „unsere" Organisationen einladen, um einen Vortrag zu halten, für den du Millionen bekommst. Es wird so offiziel gesagt, dass deine Zeit und der Marktpreis deiner Rede Millionen beträgt. Niemand wird etwas beweisen können.

## Erpressung

Diese Beeinflussung muss nicht unbedingt durch Korruption, Halbkorruption oder Vorteile jeglicher Art begleitet werden, es geht auch umgekehrt, zum Beispiel: „wir haben etwas, was dir sehr schaden könnte, und wir werden es nicht publizieren, falls du uns gut dienst. Wenn nicht, fliegt alles in die Öffentlichkeit und du bist vernichtet". Oder auch direkte Drohungen: Du hast doch Kinder / einen Mann/eine Frau, den/die du liebst... Dein Land könnte so oder so untergehen, wenn wir das oder das machen. Erpressung ist in der Politik auch nicht eine Rarität. Es gibt solche, die auf Politiker ganze Faszikel aus der Vergangenheit führen oder sammeln. Es muss nicht immer gleich persönliche Erpressung sein, es kann auch Erpressung des ganzen Landes oder aller Mitglieder einer institutionell falsch gestalteten Währungsunion sein (siehe Kapitel <u>Rettung Europas, jedoch nicht umsonst</u>). Die Verschuldeten sind immer mehr erpressbar als Nichtverschuldete, wobei auch Verschuldung Teil des Projektes „zukünftige Lenkung" sein konnte.

## Finanzieller Gewinn und andere Ziele

Die Dahinterstehenden können verschiedene Interessen haben: finanziellen Gewinn zu machen (so etwas, was Herr Soros einmal mit dem britischen Pfund und Währungen Ostasiens machte), politischen Gewinn zu bekommen, z. B. wirtschaftliche oder kulturelle Vernichtung Europas möglich zu machen, um einige Länder am Rande der Gemeinschaft leichter besetzen zu können, und die „größte geopolitische Katastrophe" (Putin über Fall der UdSSR) wieder zu „berichtigen". Es können religiöse Gründe sein (Verbreitung des Islams nach Europa zum Beispiel) oder geopolitische Gründe usw. (siehe Kapitel <u>Geopolitik</u>). Direkte Verknüpfung einiger Politiker mit dem Schlepperbusiness ist natürlich auch möglich, es geht um Milliardensummen und beide Seiten arbeiten da mindestens ab und zu im Einklang.

Was jetzt klar ist: **diese Flüchtlingspolitik hat nichts mit Stärkung Europas zu tun, es hat Europa und seinem Zusammenhalt sowie dem Zusammenhalt der NATO sehr geschadet.** Es haben in vielen Ländern in Folge der unverständlichen und rechtsbrechenden Politik Kräfte und Parteien gewachsen, die man offiziel nicht stärken wollte, auch antiwestlich und antifreiheitlich orientierte Parteien (es war jedoch von Anfang an klar, das diese durch solche Politik gestärkt werden).

Wer sich darüber freut, können wir entweder ahnen oder mehr/weniger wissen. Oder wollte jemand Europa entdemokratisieren, um etwas anordnen zu können? Was nur mit mehr Angst um Leben und mehr Gewalt besser geht. Viele verschiedene Gründe kann man da auf die Wand malen. Was davon der Wirklichkeit näher ist, werden wir vielleicht einmal erfahren. Oder wir werden es nie erfahren. All diese Möglichkeiten sollten untersucht werden, oder mindestens von der freien Presse (die es so selten in der Mainstream-Sphäre zu sein scheint) nachgefragt und die Politiker sollten zu Antworten gedrückt werden, damit sie mehr verraten, als sie es jetzt tun. *„Ich möchte die Bevölkerung nicht verunsichern,"* sagte mal ungefähr so Angela Merkel, aber niemand hat sie gezwungen, mehr zu verraten. Autokraten müssen nichts erklären, sie handeln alleine, in einer Demokratie ist es eine Unverschämtheit, etwas vor den Wählern wie vor Kindern im Kindergarten zu verbergen und ganz alleine oder im engen Kreis Entscheidungen zu treffen.

## Erpressung oder Korruption oder etwas anderes?

So oder so oder so, Faktum ist, das die Durchführung der Politik so ist, das die beschriebenen Folgen da sind: die EU ist geschwächt, ein starker Mitglied verläßt sie. *Die Beziehungen zwischen den* Verbleibenden auf der Achse West-Ost, aber auch Nord-Süd sind nicht gerade rosig, um es noch mild zu beschreiben.

Die EU ist auch  mit seiner Währung, die ungleich auf ihre
verschiedenen Regionen wirkt und Schulden mitverursacht,
in „de pekkels", wie es die Holländer sagen, in Pickles.
Institutionell schlecht angelegt, angeschlagen, verschuldet,
wobei der Westen sich zu deamerikanisieren versucht und der
Osten ist stark dagegen. Der Westen ist pro-islamisch und
pro-palästinensisch, mit pro-russischen Konnexionen, der
Osten eher pro-amerikanisch und pro-israelisch.  Es kommt
zur schleichenden oder teilweisen Islamisierung Westens und
Drohungen an den Osten, das gleiche schnellstmöglich auch
zu tun. Es entstehen sog. empfindliche Zonen inmitten
Belgiens, Frankreichs, Schwedens und jetzt auch
Deutschlands, wo eher Scharia als die Polizei und geltendes
Recht die Oberhand hat. Faktum ist auch, dass die
Schlepperindustrie blüht und an Macht und/oder Reichtum
gewinnt.

**Ob das Ganze etwas mit Korruption oder Erpressung zu tun
hat, ist weniger wichtig, nur das Ergebnis ist wichtig.** *„Umso
schöner die Theorie, man sollte ab und zu auf die Resultate
blicken"*, so Churchill, der damit Recht hatte, oder nicht? Die
Ergebnisse zugunsten der Ziele derer, die dafür potentiell als
Bestecher zahlen könnten oder als Erpresser agieren könnten,
sind bereits teils da. Ob bezahlt oder nicht, Europa der
Wähler, die ihr Kontinent lieben, sollte gegensteuern und
ihren Politikern etwas mehr an Kontrolle durch direkte
Demokratie ansetzen (Volksveto Schweizer Art), sonst gibt es
bald Untergang und/oder Chaos.

GRUND 11:
# GLOBALISIERUNG, GEOPOLITIK UND VERBREITUNG DER DEMOKRATIE

*Die Welt ist unsicherer den je in den letzten 30 Jahren. Die Zahl der Nuklearstaaten vermehrt sich. Es entstanden außerstaatliche Organisationen, die Terror verbreiten. Es gibt nicht mehr eine Zwei-Polen-Welt, und nach 8 Jahren des Präsidenten Obamas, des Nobelpreisträgers für Frieden, der die USA und deren wichtige Sicherheitsrolle aus der Welt eigentlich zurückzog, gibt es jetzt eine weniger friedlich gesinnte Welt mit viel konfliktreiferen Beziehungen in einer multipolaren Welt. Gleichzeitig wachsen und verbilligen sich diverse Möglichkeiten, an gefährliche Mittel oder Waffen zu gelangen, die dann zur Erpressung benutzt werden können. Staatliche Erpressung wird vermehrend auch durch nichtstaatliche Erpressung ergänzt. Länder ohne politische Freiheit gewinnen an Stärke, benutzen Informationen als Waffe und die bisher demokratischen Länder werden nervös (auch wegen eigener groben Fehler) und kopieren einiges von den Autokratien, vor allem gegen Meinungsfreiheit. Zensur wächst, Nervosität unter der zensierten Bevölkerung auch.*

Vielleicht wollen die Welt-Eliten in dieser Situation (oder auch vorher) eine Weltordnung schaffen, die zu einem einzigen Weltstaat zielt. Dies birgt einige Chancen und große Risiken in sich, vor allem ist das jedoch nicht demokratisch und friedlich schnell durchsetzbar (daher Demokratie-Einschränkungen) und Nationen und ethnische Gruppen sind da diesen Menschen ein Hindernis. So eine Ordnung ist eher sehr schrittweise machbar (Salami-Methode, antidemokratisch, mit Bestechung, Druck und Gewalt), oder schneller mit viel mehr Gewalt. Vielleicht hat man dazu die Massenmigration als Instrument der Durchsetzung gewählt. Vielleicht ist das sogar naiv und nie machbar und am besten eine Orwell-Welt mit drei (oder so) Großmächten schaffen könnte, die miteinander kämpfen, siehe Orwell's 1984.

## Warum eine zersplitterte Welt besser ist

Heute leben wir in einer noch nicht ganz globalisierten und zersplitterten Welt. Es hat nicht nur die oben beschriebenen Sicherheitsrisiken, sondern auch viele Vorteile, wie jedes Konkurrenzsystem. Konkurrenz war und ist besser als Monopol.

Das weiß jeder, der in einer monopolisierten kleinen Welt bereits gelebt hat. Hier hatten die Oststaaten der EU auch einen Vorteil im Nachteil: während der kommunistischen Regime war vieles monopolisiert.

Die Wirtschaft war verstaatlicht, also es gab nicht nur einen Anbieter von vielen Gütern und Dienstleistungen (Staat und seine Unternehmen), mit Folgen auf niedrige Qualität und Armut des Angebotes, sondern auch einen einzigen Arbeitgeber.

Stellen Sie sich das vor: sie geraten mit dem einzigen Arbeitgeber (Staat) in Streit und Sie sind erledigt, können keinen anderen finden, ohne Auswanderung, die sehr schwierig war. Falls so etwas auf der Weltebene entstehen sollte, gäbe es keine Möglichkeit zu fliehen.

Auch wenn nicht alles verstaatlicht, sonder nur oligopolisiert, auch wenn mit Privatkonzernen, es kann passieren, dass falls jemand gegen deren geteilte Ideologie des Globalismus agieren, es könnte für ihn/sie ein Aus bedeuten. Vernichtung, nur nicht so gründlich wie bei einem kommunistischen Regime.

## Einheitliche Rechtsdschungel vs. Wettbewerb der Rechtsordnungen

Die Welt vieler Staaten, _vor allem wenn diese demokratisch sind_, ist besser auch noch in einer anderen wichtigen Hinsicht: Wettbewerb der Rechtsordnungen. Die Gesetze werden dazu benutzt, um etwas zu verbieten, oder etwas direktiv anzuordnen. Je mehr Gesetze und je undurchsichtig (intransparent) diese sind, desto besser geht es nur den Großunternehmen, die Armeen an Juristen einstellen können, auf Kosten der Kleinunternehmen. Es geht der Großen damit besser, jedoch nur bis zu einem Punkt. Nach diesem Punkt gibt es Chaos für alle, und auch die Großunternehmen verlieren Effizienz und Qualität.

Man könnte sogar sagen, dass auch die Großunternehmen, die oft so ein undurchsichtiges weitverzweigtes Rechtsystem wollen und fördern, oder politisch durch Hintertüre einführen, können daran ihren eigenen Glanz verderben. Eine Gesellschaft mit viel Wettbewerb und Millionen Kleinanbietern, also starker Konkurrenz, funktioniert besser als eine Gesellschaft, wo nur ein paar Oligopole in jedem Bereich tätig sind. Oligopolwirtschaft ist nur etwas besser als die kommunistische total monopolisierte Wirtschaft und ist viel ineffizienter als eine Wirtschaft mit viel Wettbewerb und mit sehr sehr vielen kleinen und mittleren Unternehmen, und auch Einzelpersonenunternehmen. Das kann man im wirklichen Leben klar beobachten und vergleichen, und zwar zwischen Staaten.

Warum sind die Staaten, die wirtschaftlich freier sind (also
von weniger Regelungen und Lasten betroffen), die pro-Kopf
reichsten der Welt? Singapur oder Hongkong sind pro-Kopf
gemessen reicher als Deutschland. Die Schweiz auch.
Deutschland ist reicher als Tschechien (nicht wegen der
heutigen Systeme, sondern wegen des Systems der unfreien
Wirtschaft in Tschechien während des sog. „realen
Sozialismus" unter Kommunisten). Und Tschechien ist reicher
als Weißrussland (wegen der Regulationen u. wirtschaftlicher
Freiheit) und Weißrussland ist viel viel reicher als Nordkorea.
Nicht wegen der oder anderer Nation, sondern vor allem
durch die Systeme. Rechtsstaat, Regulationen, Freiheit,
Sicherheit. Die Gesetze und Institutionen spielen eine enorme
Rolle.

## Nordkorea - Südkorea

Und es ist enorm wichtig, dass wir diese immer noch
vergleichen können und sagen: Guck mal dort, Nordkorea gg.
Südkorea. Einst ein Land mit gleichen Bedingungen und
Recht und Mentalität, nur siebzig Jahre später mit anderer
Rechtsordnung, Gesetzen und Freiheit, und wir sehen ein
Land dort im Norden, das ungefähr *achtmal ärmer ist als das
Land im Süden*. Etwas weniger extreme, jedoch trotzdem
Unterschiede, sehen wir auch innerhalb Europas. Frankreich
war fast so wirtschaftlich stark wie Deutschland, und verlor
kräftig (im Moment um ein Drittel gg. D., da es lange etwas
mehr überreguliert war). Griechenland mit seinen
sozialistischen Regeln hat noch schlimmer abgefallen (und
zwar trotz massiver EU-Subventionen, die natürlich nicht an
alle Griechen fließen, sondern an ausgewählte). Der Euro hat
da noch „mitgeholfen", bei Frankreich und viel mehr bei
Griechenland.

Also enorm wichtig zu halten: mehrere verschiedene
Rechtssysteme, die im Wettbewerb zueinander stehen, und –
in Demokratien – können die besseren auch von den
schlechteren übernommen werden. Die Globalisierer sehen
dies leider nicht, wollen dies nicht anerkennen (wegen
Ideologie, meistens), aber es ist einfach so: Wettbewerb der
Rechtssysteme (auch innerhalb Europas) ist etwas, was uns
mehr Vorteile als  Nachteile bringen kann.

## Felsblöcke auf der Straße

Die Großfirmen haben zwar oft gute Manager und CEOs,
viele von ihnen verstehen jedoch besser die
Firmenwirtschaftslehre und nicht **THE BIG PICTURE**, die
Volkswirtschaftslehre. Natürlich ist es für das Unternehmen
kurzfristig gut, wenn kleine Konkurrenten absterben, da diese
Großunternehmen ihre Kunden gewinnen und mehr Geld
verdienen. Dies ist leider relativ einfach durch politischen
Einfluss und Lobbying zu erreichen. Noch besser für die
kuzfristigen Interessen der Großunternehmen, falls die Regeln
in der ganzen EU gelten, und am besten (bisher nur ein Traum
einiger Großkonzernechefs) in einem künftigen Globalstaat
oder Fast-Global-Staat. Ist dies der Hauptziel der Globalisten?
Alle von oben zu regulieren, im Interesse der Großfirmen,
und natürlich gegen Interesse der Milliarden
Kleinunternehmer und Angestellten. Vielleicht.
Wir können uns die Aufstockung der immer mehr und mehr
Verordnungen als Felsblöcke auf der Straße vorstellen. Je
mehr Felsblöcke, desto langsamer fährt man, desto weniger
Autos, desto bessere Autos braucht man, somit fallen dann
viele kleinen weg.
Die Gesellschaft wird sich anpassen, jedoch die Ergebnisse
sind zusammengerechnet schlechter – mit weniger Aktivität,
weniger Arbeit, konzentrierterem Angebot mit höheren
Preisen, also mehr Armut auf Kosten der kleinen, und
trotzdem nicht unbedingt mehr Reichtum der Reichen.

Da die Reichen, und auch die Großunternehmen brauchen
mehr und nicht weniger prosperierende Kunden, die von
ihnen kaufen können.

Der Verordnungswahn wirkt am Ende auch gegen die großen,
die ihn durchgesetzt haben. Korporativisten Hand in Hand
mit den Sozialisten, die an Über-Verordnung als nützlich per
se glauben. Übrigens und etwas provokativ zum Nachdenken:
Hitler und Stalin haben auch viel Verordnungen verlangt und
durchgesetzt, alles von oben kontrolliert. Verordnungen sind
oft einfach Gewalt gegen andere. Über-Verordnung verringert
die Freiheit (ein wichtiger europäischer Wert, leider nur auf
dem Papier).

## Schön begründet, trotzdem schädlich

Jede Verordnung ist natürlich immer schön begründet:
Verbraucherschutz, Umweltschutz und so weiter. Sollte die
Umwelt nicht geschützt werden? Natürlich.

Sollte der Verbraucher nicht geschützt werden? Auch!
Brauchen wir dazu zehntausende undurchsichtige Gesetze
(Felsblöcke)? Nein, diese sind nicht nur kontraproduktiv,
sondern schädlich. Auch für die Umwelt, für den
Verbraucher. Wir brauchen keine Verordnung, die uns
vorschreibt, wie krumm, fett oder gelb Bananen sein sollen,
um fit für den Markt zu sein.

Ich möchte mir selbst meine Bananen auswählen können und
brauche die Armee der Beamten und Dschungel der Gesetze
dazu nicht.

Die einzige Verordnung, die da nützlich ist, heißt
Informationspflicht (was in den Lebensmitteln drinnen ist)
und die Möglichkeit, frei Informationen über schlechtes
Vorgehen des Konkurrenten veröffentlichen zu können
(„Unternehmen X hat zuviel Pestiziden in seinen Waren, wir
haben keine").

Giftige Nahrungsmittel sind und waren strafbar, auch wenn es keine 20 000 Gesetze dazu gab. Wer jemanden beschädigt, soll verantwortlich sein, bis zu Person des Eigentümers. Im Dschungel der Gesetze gibt es nicht nur weniger Firmen, kleinerer Angebot, größere Preise, sondern auch bessere Möglichkeiten für die „geschickten" Großen, diesen Gesetzesdschungel dafür zu nutzen, den Folgen zu entkommen. Qualität sinkt in Folge der Überregulierung, und nicht umgekehrt.

Gesetzesdschungel vernichtet viel mehr in Griechenland als in Deutschland, da die Griechen weniger Mittel dazu haben, sich in dem Dschungel auszukennen. Kippt ganze Volkswirtschaften um und überträgt ihre Arbeit auf die Stärkeren. Das ist schlimm, und am Ende auch für Deutschland, auch für die Großkonzerne. Den Folgen entrennt niemand.
Es ist gut, Vergleich zu haben: wo wächst man schneller, wo stagniert man usw. In einer Demokratie werden die schlechteren Systeme ersetzt, in einem globalisierten Milieu der gleichgeschalteten Gesetze verlieren am Ende alle. Die Massenproduktion hat ihren Platz, und die kleine Produktion spezifischer Produkte hat auch ihren Platz. Der Verbraucher soll entscheiden, was für ihn besser ist, nicht der Beamte. Das wissen natürlich viel besser die, die in einer extrem überregulierten monopolisierten Gesellschaft ohne Kleinfirmen bereits gelebt haben.

# Globalisierung wegen Sicherheit

Es kann noch ein anderer (etwas mehr legitimer) Grund geben, um einen globalisierten Staat zu schaffen. Nämlich die Sicherheit. Wenn es nur einen Staat gibt, können Staaten nicht miteinander kämpfen.

Ist es also wert, all die Vorteile des Wettbewerbs der verschiedenen bunten Systeme zu verlieren, und stattdessen die Sicherheit durch einen Weltstaat zu bekommen? Nein. Auch in heutiger Zeit gibt es mehr innerstaatlicher Konflikte als zwischenstaatlicher. Also man kann voraussetzen, dass es zwar keine zwischenstaatlichen Kriege geben würde, dafür jedoch mehr Konflikte „drinnen". Wenn man alles nach einem Muster in der ganzen Welt regulieren würde, gäbe es mehr Reibeflächen als heute, mehr Konflikte. Das, was wir in der immer mehr regulierenden und sich zentralisierenden EU bereits sehen (mehr Konflikte durch mehr Reibeflächen), würde man auch global sehen, nur noch mehr.
Also mehr Sicherheit in einem Staat würde damit nicht entstehen, sehr wahrscheinlich nicht.

**Dabei ist noch zu ergänzen, dass die Globalisierer es nicht ohne Kriege erreichen können, einen globalisierten Staat zu bekommen.** Sie können sogar nicht das kleine Land im Osten (Norkorea zum Beispiel) nicht dazu bewegen, ihre Konzentrationslager abzuschaffen, und vielleicht auch nicht, ihre Atomwaffen und Raketen nicht (offen oder heimlich) zu erzeugen. Wie könnte jemand all die verschiedenen Staaten in einen Staat überhaupt zu zwingen, wenn man sogar mit den kleinen nicht das Vernünftige verhandeln kann? Die Eliten sind ratlos gegenüber Terrororganisationen, gegen „rogue states", bei Konflikten innerhalb der EU (Spanien – Katalonien), wie könnte man einen Weltstaat erreichen, ohne großen Krieg? Gar nicht möglich in absehbarer Zeit, glaube ich. Und auch nicht gut, wie wir vorher beschrieben haben. **Falls doch durchgekickt und ein Weltstaat entsteht, wie will jemand vermeiden, dass die regierenden Eliten zuviel Macht konzentrieren?** Es gibt dann keine Möglichkeit zu entfliehen, außer dass man die Bakterien unter Marsoberfläche um Asyl bittet. Scherz natürlich.

Wie wäre es mit Demokratie in so einem Großstaat? Nicht gut, glaube ich. Sogar die EU verstößt gegen den so sehr proklamierten *Subsidiaritätsprinzip*: was man auf dem unteren Niveau besser lösen kann, sollte dort gelöst werden. Aber das geschieht in Wirklichkeit nicht. Die EU wird lange wegen Demokratiedefizite kritisiert, jedoch nichts passiert. Es dauert länger, all die Eliten im Großreich auszutauschen, mit verheerenden Folgen. Es wird gegen Meinung der meisten agiert, und nichts passiert. Es wächst nur Ärger, es werden auch extreme Parteien gestärkt, das System ist nicht gut eingestellt, um sich zu verbessern und erneuern. Somit ist immer noch wahrscheinlicher, dass sich die Gemeinschaft zerfällt als reformiert.

Klein ist fein. Vielleicht ist die Zersplitterung besser, wenn wir gemeinsame Verteidigung beibehalten – die NATO. Für Sicherheit der Mitglieder ist NATO ideal, die EU wäre da hilflos. Der Weltstaat ist eher nicht möglich und dazu noch schädlich wie jedes Monopol.

## Kleinere sind besser demokratisch lenkbar

Kleinere Einheiten sind besser demokratisch lenkbar. Obwohl ich das zuerst nicht glaubte, Nationalstaaten diskutieren besser als große politische Föderationen. Das sage ich, obwohl ich nie ein Nationalist oder Anhänger eines Nationalstaates pur war. Trotzdem habe ich mit der Zeit festgestellt, das die Sprachbarriere und damit verbundene oder auch nicht-verbundene andere Barrieren wirken so, dass man in einem Großraum mit verschiedenen Sprachen, Kulturen, Rechtssystemen, Sittlichkeiten, Moralvorstellungen usw. nicht effektiv genug diskutieren kann.

Diskussion ist sehr wichtig für Demokratie. Ohne Diskussion regieren nur Eliten durch geschicktes Marketing und die Unzufriedenheit wächst. Die Schweiz ist eine Ausnahme: vier Sprachen, und trotzdem eine politische Nation, die nicht auseinanderdriftet und auch über die Sprachgrenzen effektiv diskutieren kann. Sie ist klein genug und dezentralisiert genug dafür. Vielleicht ein Vorbild für mehrere Nationen Europas oder für die erneuerte EU, falls es diese noch geben wird. Im Moment sind die EU-Eliten eher unbelehrbar und wollen Status Quo oder sogar Richtung immer mehr Zentralisierung beibehalten. Entweder machen sie (wir?) aus der EU eine Art Schweiz mit mehr Demokratie, oder zerfällt die EU.

Also war der Hauptgrund für die Massenmigration, Schritt für Schritt zu einer Weltregierung zu übergehen? Was daran hinweist: die Migrationsströme werden durch Welt-Eliten, nicht nur EU-Eliten als positiv empfunden und gefördert, es gibt Organe der UNO, die den Menschenströmen gegenüber ebenso positiv gestellt agieren, natürlich nicht von sich selbst agierend. Es gibt *jemanden* dahinter, wie fast immer. UN-Beamte an sich sind zu schwach dafür.

Das Ziel könnte sein, ähnlich wie beim Kapitel EU-Umvolkung (siehe das Kapitel), die Nationen und Ethnien zu vermischen und ein Einheitsbrei an Menschen zu schaffen, um dieses von einer Weltregierung besser lenken zu können? Falls ja, sehr naiv, oder sehr langfristig. Das ist nicht einer Verschlechterung der Sicherheit wert, in Europa oder Amerika für ein, zwei oder mehrere Generationen. Die Japaner machen nicht mit, obwohl sie demografisch noch ein bisschen schlechter dastehen. Die Chinesen machen auch nicht mit.

## Noch ein Grund? Positive Infektion durch Demokratie

Es könnte trotzdem noch einen Grund („Unter-Grund", „sub-Grund") bei diesem Grund geben. Die Geopolitik mit dem Ziel, Menschen von anderen Ländern/Kulturen durch persönliche Erfahrung in Deutschland oder Schweden mit Demokratiedenken positiv anzustecken. Ein Teil kommt zurück und wird Demokratie und Freiheit „wie in Deutschland" verlangen. Das ist eher unwahrscheinlich: wir zeigen ihnen zwar Demokratie und Freiheit vor, jedoch in der sich zurückschraubenden Form. Keine Volksentscheide über wichtige Fragen und kein Volksveto der Gesetze (wie in der Schweiz), immer mehr Gleichschaltung der Medien in manchen Fragen (einschließlich Einwanderung), immer mehr Zensur.

Damit ist nicht viel Vorbild für Menschen aus dem Nahen Osten, die natürlich auch die Schwäche des Staates gegenüber die kriminellen Strukturen der Schlepper sehen, Unfähigkeit, wirkliche Flüchtlinge zu schützen, wenn man „alle" aufnimmt und sogar nicht imstande ist, die Kriminellen abzuschieben. Rechtsstaat führen wir gerade nicht vorbildlich vor, mit Gesetzesbeugen und –brechen. Sie sehen die gleiche (obwohl nicht blutige) Arroganz der Mächtigen, dann sehen sie die Wahlen, die etwas verändern. Ein bisschen Vorbild könnte man da bekommen, und falls (das ist die Frage) man abgeschoben ist und trotzdem noch das neuerlebte System nicht hasst (ein Risiko, das sich in den Enttäuschungen und auch Terrorakten widerspiegelt), könnten einige beginnen, mehr Demokratie zu Hause zu verlangen. Jedoch als Hauptgrund für die Masseneinwanderung wäre dies eher etwas zwischen Phantasie und misslungener Wirklichkeit.

Wir können diesen Grund bereits auswerten, da wir (in Frankreich, zum Beispiel) bereits schätzen können, ob sich das irgendwie positiv auf die Ursprungsländer übertragen hat. Bisher eher nicht, und sogar eher nicht bei der zweiten oder dritten Generation der Eingewanderten. Wir sehen wenig Integration, Parallelgesellschaften, No-go-Zonen, größere Arbeitslosigkeit, Terrorakte, Messerstechereien, verzweifelte Reaktionen der ursprünglichen Mehrheit mit Burkaverboten und wir sehen auch keine „tiefdemokratisierten" Nordafrikaner (mit der noch brüchigen Ausnahme Tunesiens), ja sogar etwas mehr „nordafrikanisiertes" und „islamisiertes" Frankreich sehen wir statt dessen. Das wollen die Ostmitteleuropäer zurecht nicht, sie sehen, wie das bereits woanders (nicht) geklappt hat.

**Zusammenfassung für Europa:** *Auch wenn ein EU-Staat statt 28 oder 27 in Europa militärisch mächtiger wäre und könnte theoretisch die Sicherheit (Voraussetzung für Wachstum) erhöhen, die heutigen regierenden Eliten und deren linksprogressive Ideologie zeigen, dass sie nicht imstande sind oder nicht wollen, sogar die gemeinsamen Schengen-Grenzen zu schützen. Ergebnis: mehr Kriminalität, mehr Terrorakte, mehr Spannungen in der Gesellschaft und zwischen einzelnen Ländern, Konflikte, die es vorher nicht gab. Diese Politiker und Eliten verwirklichen eine unglaubliche Karikatur der Sicherheitspolitik. Wie könnte man gerade ihnen glauben, dass sie einen gemeinsamen Staat mit mehr Sicherheit bilden können? Und das alles bei natürlich vielen Nachteilen, die eine Monopolisierung der Macht statt Wettbewerb der Rechtssysteme und Institutionen mit sich bringt.*

GRUND 12:
# IDEOLOGIE DES MULTIKULTURALISMUS

*Kann der wahre Hauptgrund der seltsamen Flüchtlingspolitik in Deutschland und West-Europa wirklich in einer multikulturellen Ideologie liegen? Ideologien haben bereits Vieles in der Geschichte angerichtet, „geschafft" und vernichtet. Sie haben sovielmals versucht, das finale „System aller Systeme" zu schaffen, das moralisch oder wirtschaftlich oder für das oder jenes Kollektiv (Sozi, Kommi, Nazi, Grüni, Religi) zu dem-endlich-besten-Paradies für alle pflichtig und mit Gewalt werden sollte. So kann man sich nicht wundern, wenn wieder eine Ideologie auftauchte, die sich mit Realitätsverlust durchgesetzt hat und Wurzeln schlagen will – ohne überzeugende Argumente und daher mit Zensur auf vielen Ebenen, die jede Kritik am besten tief vergraben halten soll. Trotzdem scheint eine Dominanz dieses Grundes der seltsamen Flüchtlingspolitik weniger wahrscheinlich als die anderen Gründe, oder noch besser gesagt - wahrscheinlich nur bei einigen, nicht aber bei allen, die diese Politik durchsetzen.*

# Angela von „rechten" zu „linken" Zitaten

Diese Zweifel tauchen sicherlich bei jedem auf, der die Entwicklung der Bundeskanzlerin zu diesem Thema verfolgen konnte und der diese nicht vergessen hat. Schauen wir uns mal diese Entwicklung an, zuerst also ein paar „rechte" Zitate der später plötzlich linksgerückten Politiker(in):

Angela Merkel, 2000: "... **dass die multikulturelle Gesellschaft keine lebensfähige Form des Zusammenlebens ist. Und das glaube ich auch.**"

Angela Merkel, 2010: **„Wer das christliche Menschenbild nicht akzeptiert, ist fehl am Platze in Deutschland" „Der Ansatz für Multikulti ist gescheitert, absolut gescheitert!"** Dazu noch ihr CSU-Kollege Horst Seehofer, damals auch ganz im Einklang: **„Multikulti ist tot!" „Deutschland soll nicht zum Sozialamt für die ganze Welt werden."**

Angela Merkel 15.7.2015 an eine junge Araberin: **„Und wenn wir jetzt sagen: Ihr könnt alle kommen und Ihr könnt alle aus Afrika kommen (...) Das können wir auch nicht schaffen. (...) Politik ist manchmal hart. Es werden manche wieder zurückgehen müssen."**

Dann passierte *ETWAS* und es gab eine Wendehalsentwicklung:

Angela Merkel 31.8.2015: **„Wir stehen vor einer großen nationalen Aufgabe. (...) Deutschland ist ein starkes Land. Das Motiv, mit dem wir an diese Dinge herangehen, muss sein: Wir haben so Vieles geschafft – wir schaffen das! Wir schaffen das, und dort, wo uns etwas im Wege steht, muss es überwunden werden, muss daran gearbeitet werden."**

Angela Merkel 14.12.2015: **„Wir schaffen das. Ich kann das sagen, weil es zur Identität unseres Landes gehört, Größtes zu leisten. Abschottung im 21. Jahrhundert ist keine vernünftige Option. (...) Wir sind nie blauäugig. Doch genauso lassen wir es nie zu, dass Ängstlichkeit und Pessimismus uns am erfolgreichen Handeln für die Zukunft hindert."**

Wie kommt das, dass einem Politiker oder Politikerin plötzlich seine Ansichten in die andere Richtung schwenken, ungefähr um 180 Grad? Wurde er/sie von unten beleuchtet – von der extremlinken Seite der Hölle, wo Marx, Engels und Lenin karten spielen und die Erde von unten beobachten? Naja, dort kann man bereits einige Instrumente haben, um die einfachen tagtäglichen Schöpfer des politischen Brotes als eine Marionette umzulenken, auf ein anderes Programm umzuschalten oder so etwas Ähnliches? Hm.

Von der Hölle kam dies eher nicht, dort kann man doch mindestens rechnen. Eine Million, zwei Millionen, warum nicht 10 oder 100 Millionen? Mit keiner Obergrenze ist alles möglich, falls man alle aufnimmt, Kriegsflüchtling oder nicht, das erste oder das achte sichere Land, gute Familie oder kriminelle Bande junger Männer, alles egal bei dieser Politik? Manche Politiker ändern ihre Ansichten (scheinbar oder wirklich), wenn die Menschen ihre Ansichten ändern. Es kann jedoch davon keine Rede sein, dass die Deutschen je an Masseneinwandeerung mehrheitlich geglaubt hatten.

Umfragen zeigten deutlich, dass es dafür keine Mehrheit gibt und gab. Natürlich wollte daher die politische Spitze keine Volksbefragung. Volksentscheide oder Volksvetos, die Stabilitäts- und Demokratieinstrumente (wie in der Schweiz oder Liechtenstein) waren ihr nicht willkommen. Im wessen Interesse arbeiten diese Eliten, wenn der Wille der Wähler nicht in Frage kommt?

## Krankheit vielleicht?

Gab es eine plötzliche psychische Erkrankung, die so eine Wende in einem Menschen auslösen kann, oder fiel da ein Baum auf den Kopf, was mindestens bei einem anständig sich benehmenden Vater  aus Kanada nachweislich eine antisoziale Persönlichkeit auslöste?

Nein. Angela Merkel war in dieser Aktion nicht alleine, **es müssten viele Bäume auf viele Köpfe fallen, es müssten viele psychische Erkrankungen gleichzeitig starten – und dass alles ist einfach absolut unwahrscheinlich.**
Einer, der so redet, wie die da oben Erwähnten, kann nicht binnen Monaten ganz umdrehen, das geht einfach nicht ohne Begründung, was man vorher schlecht gesagt hat und warum plötzlich alles umgekehrt gilt. Dies ist jedoch nie geschehen, es wurde nichts erklärt.

Es muss also eher jemand anderer die Drähte ziehen und die Politiker sind da nur Schauspieler, Verwirklicher einer multikulturellen **Ideologie, die nicht aus ihrem eigenen Kopf und Herzen kommt.** Sie werden gelenkt oder erpresst, glaube ich. Ihre Parteien haben sich nicht gewagt, dagegen einen Aufstand zu machen (leider kein gutes Zeugnis der deutschen Demokratie), die Massenmedien waren auf dem gleichen Pfad (wer nicht, wurde ostrakisiert, wie im alten kommunistischen Real-Sozialismus). Für uns, die so etwas erlebt haben, ein fast unglaubliches Déjà-vu Phänomen („bereits Gesehenes"), in dem Teil Europas, wo wir das nicht mehr erwartet haben. Und ein Teil der Bevölkerung – die Gläubigen der Multikulti-Ideologie - hat unter diesem Einfluss lange auch mitgemacht.

Vielleicht sind Deutsche im Durchschnitt ein bisschen mehr staatsgläubig als andere, jedoch dasselbe passierte in Schweden und teilweise in anderen westlichen Staaten.
Es ging zuerst schnell, dann – wegen Gegendruck der Gesellschaft, zum Glück funktioniert die Demokratie noch ein bisschen – bis jetzt wieder langsamer, der Ziel bleibt jedoch und dreht sich nicht um.

Die Politiker, die das „nicht geschafft haben" mit der
Integration (die meisten Einwanderer arbeiten nach Jahren
immer noch nicht), mit legaler Einreise, Grenzkontrollen,
friedlichem Zusammenleben usw., sind immer noch nicht
weg. Auch wenn sie weg wären, ihre MK-Lenker im
Hintergrund sind gar nicht weg, dafür müsste der Gegenwind
unten im Volke stärker wehen, etwa wie in Ungarn oder
Polen. Daher musste man auch Polen und Ungarn
ostrakisieren, Ohrfeigen erteilen, kampagneartig dort auch
das kritisieren, was in westlichen Ländern auch weit von
perfekt ist, obwohl nie kritisiert. Zeigen, wer der Lehrer und
wer der Schüler ist, dem nur erlaubt ist, zu schweigen.

<u>Summiert:</u> **Ich glaube nicht an ideologische Neugeburt der
einst konservativen Politiker Deutschlands, Schwedens und
Westeuropas plötzlich im linken Multikulti-Lager.** Sie sind
intellingent genug. Ich glaube eher, sie mussten es unter
Druck tun, und es können viele bereits erwähnte Gründe sein.
Siehe vorige Kapitel.

# Die multikulturelle Front

Dessen ungeachtet, eine starke linke multikulturelle Front gibt
es, eine Art Sozialistischer Internationale, und sie hat viele
Gläubige, die ihr ganzes ICH und WIR ausgeben und für
ideologisches Ideal sogar finanziell (oder anders) bluten
werden, falls nötig.
In der Vergangenheit gab es überzeugte Kommunisten,
überzeugte Nazis, es gab gläubige Maoisten, es gab (und gibt)
überzeugte Islamisten, Klima-Alarmisten, gewaltsame Antifa-
Aktivisten und es gibt ohne Zweifel viele Multikulti-Gläubige:
„Grenzen haben sich überlebt, die Sozialtöpfe des
einheimischen Steuerzahlers gehören der ganzen Welt, wir
bauen eine neue, gemischte Welt aus."

**Sozialstaat und offene Grenzen passen nicht zusammen, aber die MK-Gläubige wollen das nicht sehen und hören, etwa so: „Egal was du denkst und sagst, wir werden auch Quadratkugeln schaffen können, wir lassen uns nicht vom Wege mit niedrigen Wahrheiten ablenken!"**
Es gibt auch solche, die diese Ideologie nur ausnützen, um ihre bösen Investorenpläne zu verwirklichen, um wieder um eine Stufe reicher zu werden.

## Tiger und Antilope essen Gras

Alle diese Menschen werden sicherlich nicht direkt von jemanden gelenkt, sondern glauben einfach. Sie glauben an **Gutes Tun ohne Grenzen,** was schön klingt, hat jedoch Folgen, an die sie nicht denken. Im Widerspruch damit lassen sie immer noch Türe ihrer eigenen Wohnungen nicht offen, am besten soll alles **aus der Taschen aller Anderen bezahlt werden, so typisch für die Linken.**

Sie glauben an eine bessere Gesellschaft, die vermischt und tolerant zueinander ist. Irgendwie widerspiegelt diese Ideologie ein Bild, das häufig in Zeitschriften der Zeugen Jehovas vorkommt: **ein Löwe, ein Tiger, eine Antilope und ein kleines Schweinchen**, zum Beispiel, **sitzen zueinander im freundlichen Geplauder und essen zusammen Gras.** So schön und friedlich, jedoch inkonsequent. Man müsste auch Gras in den Frieden einbeziehen, damit alle Wesen, Tiere und Pflanzen, freundlich zusammenleben. Und zusammenhungern, da Freunde essen einander natürlich nicht.

Bei Menschen ist dies einfacher – es braucht nur eines, die Multikulti-Ideologie aufzunehmen, alle Widersprüche verneinen, Intoleranz zu vergessen, Muslime, Hinduisten, Christen, Buddhisten oder Atheisten werden sich plötzlich alle lieben, ungeachtet der intoleranten Versen einiger religiösen Bücher, an die sie in der neuen Welt angeblich nicht mehr glauben werden. Und alle werden zusammenarbeiten. Wieso? Durch Liebe, die vom Himmel kommt, oder durch Gewalt? Sie können wetten, ohne Gewalt geht eine gleichgeschaltete, von oben gelenkte Multikulti-Gesellschaft nicht. Es gibt genug Erfahrungen mit Ideologien ähnlicher Art.

Das besonders Wertige daran für die MK-Gläubigen ist anscheinend, dass wir uns alle verschmelzen und vermischen, eine neue, vielfältigere Kultur mit starken genetischen **Top-Zucht-Produkten** schöpfen (perfekt gemischte Menschen nach Coudenhove-Kalergi). Obwohl ungleich dem „Herrenvolk“, in der Denkweise, dass man etwas von oben umschöpfen muss, ähnlich. Am Ende fehlen nur noch die Aufbaulieder wie im kommunistischen Realsozialismus. Naiv? Natürlich, *mindestens ein paar Generationen wird das nicht funktionieren. Hat jemand die Menschen, die JETZT HIER leben, gefragt?* In einer Demokratie ist das eine Voraussetzung für solche Versuche, in einer *Dehn-mock-rattie* kann man alles ohne Zustimmung machen. Haben wir noch die erste oder bereits die zweitgenannte? Oder etwas dazwischen? Einer Variation auf NS- und KP-Vorstellungen, dass man *hier* ein besseres, stärkeres Volk schaffen muss, diese Mischung wird dann mehr produktiv, gesünder, stark, glücklich, usw. usf. *Die Geschichte kommt zurück in einer anderen Verpackung, untermauert von neuer, jedoch immer noch etwas ähnlicher Ideologie, wo einige für andere Entscheidungen treffen* und wo kein Platz für Kompromisse oder Volksbefragungen ist.

# Wir sind bereits eine Mischung

Nicht zu vergessen : **wir brauchen keine Durchmischung der Gene, wir sind bereits ein total vermischtes Brei aus der tiefen Vergangenheit. Aus Germanen, Kelten, Slawen, Vorkelten, Griechen, Römern, Etrusken, Wikingern, ja sogar Urfinnen, Hunnen und teils aus dem Alten Ägypten, Persien, Indien und Nahen Osten (Vorteil: ohne Scharia).**
Alle von uns – und das ist kein Scherz, das ist Wirklichkeit (belegt in meinem Buch „Wer sind wir und woher kommen wir. Ungeahnte Zusammenhänge der Ahnenforschung", ANAG 2016. Bisher nur auf Tschechisch erschienen).
Ich habe sogar 2 % der Indianerstämme-typischer DNA und Sie haben garantiert auch etwas davon. Neanderthaler und Denisova-Menschen sollten wir nicht vergessen, genetisch ein Vierzigstel von jedem von uns allen oder etwas mehr. Also **wirklich und unbestritten sind wir ein Brei, gut vermischt, eingekocht, abgestellt und lange fertig. Parallelgesellschaften, Terrorattacken und „empfindliche Stadtteile" alias No-Go-Zonen brauchen wir dazu nicht.**

Das weiß jeder, der Ergebnisse der genetischen Genealogie studiert hat. Wir sind bereits aus der ganzen Welt vermischt und brauchen dies nicht für unseren besseren Genofonds nochmals zu tun. Gesellschaftlich (bis auf die letzten 10+ Jahre auch wirtschaftlich) funktionierte Europa relativ gut: „if it works, do not fix it", sagt eine englischsprachige Redewendung: wenn's funktioniert, repariere das nicht. Damit meine ich die Mentalität, Philosophie, christlich-jüdisch-antike Wurzeln, Sicherheit, Friedlichkeit, Toleranz (minus Toleranz zu Intoleranz). Das kann der Westen Europas verlieren, der Osten wehrt sich dagegen und wird da zu keinen Kompromissen mit der MK-Ideologie auf eigenem Territorium bereit sein.

# Wir schaffen das eher nicht. Warum sollten wir überhaupt?

Es gab im Mittelalter Menschen, die an Hexen fest glaubten: „Die Frau hat Mäuse erzeugt, um die Ernte im Dorf zu vernichten." Es gab sogar einen mittelalterlichen Forscher, der genau erklärte, wie man Mäuse erzeugen kann: man braucht dazu ein Schiff voll Getreide und ein altes Hemd. Wo beides vorhanden ist, entstehen Mäuse, durch eine Art von Fermentation! Wissenschaftlich „belegt", Ideologie hatte damit Deckung (genauer beschrieben in meinem Buch Fermentiertes Gemüse für Gesundheit und Vitalität, ANAG 2008 und 2015, bisher nur Tschechisch).

Wenn jemand einen festen Glauben hat, überzeugt ihn nichts: keine Zahlen, Zusammenhänge, Analysen, keine Mathematik, keine Kriminalstatistik, keine sich mehrenden „empfindlichen Gebiete" alias „No-Go-Zonen", keine Parallelgesellschaften, keine täglichen Messerstechereien oder noch schlimmere Terrorakte, die in Westeuropa häufiger denn je, aber nie in Polen oder Ungarn oder Tschechien vorkommen.

**Daher muss man die angebliche Bereicherung, die man teuflisch orwellisch gleichzeitig als Last empfindet, unbedingt mit diesen Ländern teilen, sie auch bereichern (belasten), gegen den Willen ihrer eigenen Bevölkerung, da es doch „richtig" nach der neuen MK-Ideologie ist.**

Diese Ideologie müssen nicht alle teilen, oder? Doch: es gibt Instrumente, um sie zu zwingen, **was zwar nichts mit den alten europäischen Werten zu tun hat,** aber mit den neuen, die nie demokratisch angenommen wurden, hat das viel zu tun. Wir schaffen den neuen Menschen – so haben es auch die Kommunisten in der UdSSR und auch die Nazis gesagt. Und Geschichte wiederholt sich manchmal, nur etwas anders.

## Widersprüche der Multikulti-Ideologie

Der Glaube, hier stark linksgerichtet, ist so fest, dass man die krassen Widersprüche nicht sieht, zum Beispiel:
Wieso werden die erzkonservativen Islamisten oder andere Einwanderer, die bei bestem Wille nicht als „links" bezeichnet werden können, am meisten von der „linken und antikonservativen Kultur Westeuropas" einschließlich Feministinnen, Progressiv-Homosexuellen, Sozialisten, sogenannten Linksliberalen willkommen? **Ist das nicht ein bisschen naiv, oder eher ein totaler Widerspruch, mit Öffnung gegenüber einer antifeministischen Kultur mehr Feminismus zu fördern?** Ist das nicht ein bisschen wie mit dem Wasser Feuer machen zu wollen?

Ist es nicht naiv zu denken, dass Menschen, die *im Israelhass aufgewachsen sind* (keine kleine Minderheit), nicht antisemitisch-antijüdisch auch in Europa denken und agieren werden (was bereits unangenehm oft passiert) oder zu glauben, dass dies nicht auch die deutsche politische Szene mehr in diese Richtung früher oder später schieben wird? Deutschland wieder mehr anti-jüdisch zu machen, das ist nicht schön, die Linken machen mit der Willkommenskultur dieser Art jedoch genau das! Und vieles mehr. Viele Linke sind Atheisten, ein besonders beliebtes Thema des heiligen Korans. Bitte lesen, linke Kultur, um nicht überrascht zu werden!

Ist die stärkste einkommende Religion wirklich nur Religion, oder bei vielen auch Lebensweise, Rechtssystem und Justiz miteingepackt, wodurch etwas schwierig mit einer freiheitsorientierten Gesellschaft (falls es diese noch gibt) vereinbar? Vielleicht gibt es diese in Deutschland und Europa nicht mehr, und dann ist alles im Einklang. Hoffentlich ist das noch Ironie.

Natürlich, viele aus dieser Region kamen als wirkliche
Flüchtlinge und viele wollen diese Kultur nicht mehr
erleben. Viele kommen hier deswegen: um Freiheit zu
finden, um diesen Religionszwang loszuwerden. Was wir
diesen Menschen angetan haben: wir haben auch ihre
Folterer oder Menschen, die „Todesstrafe für Abfall von
ihrer Religion" verlangen, miteingenommen und sogar
finanziell gefördert.

## Die Generationen dazwischen haben Pech

Nach Umfragen gibt es in vielen Ursprungsländern leider
Mehrheiten für Todesstrafe für Abfall vom Islam. Ist die
Mehrheit der Ankommenden anders? Werden diese
Menschen (auch die einfachen, die keine intoleranten Versen
der Religionstexte je gelesen haben) in der neuen Heimat
umdenken und ihre Einstellung so schnell ändern, wie es die
Bundeskanzlerin vorgeführt hat? Oder reicht es, wenn diese
Menschen in drei vier Generationen Demokratie, Freiheit und
Toleranz annehmen? Die Generationen dazwischen auf
beiden Seiten haben Pech. So denken die Drahtzieher,
anscheinend. (Natürlich konnten wir auch besser und anders
helfen – vor Ort, oder im 1. Sicheren Land, und zwar den, die
unsere Hilfe am meisten brauchen, und keine Gelder für
Schlepper haben, siehe Kapitel Moral).
**Es kann auch ideologische Drahtzieher geben. Einen oder
mehrere.** Zum Beispiel jemanden (und in der Nach-DSGVO-
Zeit sollten wir fast keine Namen nennen, sonst…), der viel
Geld hat, das er gerne für politische Zwecke vergibt. Vielleicht
will er zum Weltveränderer werden. Oder kann es Rache für
seine schwierige Kindheit sein. Oder hat er gegen den Euro als
Investor angesetzt (das wäre nicht der erste Fall einer
Spekulation gegen Währungen), oder sonstnochwas. Oder
doch  nur linke Ideologie, so seltsam und widersprüchlich bei
einem Milliardär. Die EU-Häuptlinge haben mit ihm
unerwartet enge Beziehungen. Er ist darin jedoch nicht allein,
es gibt mehrere widersprüchlich linke Milliardäre.

# Juden verlassen Europa, wieder

Es gibt feste Zahlen, die zum Nachdenken führen sollten. AFP hat gemeldet, dass **40 000 Juden Frankreich in dem Zeitraum 2006-2016 verlassen haben.** Europa und Juden – und es ist wieder da. Der Antisemitismus wächst und wird zwar unter „wahren Nazis" verfolgt, nicht jedoch so ganz unter Neuankömmlingen. Dort zeigt man mehr „Verständnis". Wieso? Sollten Gesetze für Einheimische strenger gelten?

Da muss es ernste Gefahr für diese Menschen geben – weil – wie die Multikultis sagen - „man verlässt die Heimat nicht ohne Grund". Geld könnte der Grund für viele aus den armen Ländern sein, bei den jüdischen Franzosen jedoch nicht. Diese Menschen gehen nicht in ein bestimmtes Land, um dort Geld und Wohunung umsonst zu bekommen, sie gehen weg aus ihrem eigenen Land, das mal so freundlich, kulturell vorbildlich und gutgelaunt war. Sie verlassen Frankreich, dass nicht mehr das vorherige Frankreich ist. Nicht mehr das Frankreich des Louis de Funes, sondern das Frankreich der brennenden Autos, sozialer Spannungen, empfindlicher Zonen und Antisemitismus in neuer nichteuropäischer Kleidung. **Die ganze Multikulti-Szene sollten nachdenken, ob sie da vielleicht nicht eher eine andere Monokultur schöpft, die sie dann auch verschlucken wird.**

Es ist ganz tragikomisch, wenn die linke Multikulti-Front vor angeblichem Antisemitismus in den Anti-Migrationsparteien Europas warnt, wobei sie selbst gleichzeitig Europa so verändert, dass Juden weg fliehen müssen, und zwar nicht vor den Antimigrationsparteien (wo Antisemitismus eher am Rande ist, falls überhaupt), sondern vor den Folgen der Multikulti-Politik.

Es ist traurig, aber Juden werden wieder in Europa getötet, weil sie jüdischer Abstammung sind, und die Multikulti-Front ist hier total mitverantwortlich, meiner Meinung nach.

Die „so sehr anti-Rechten" sind eher blind, wenn sie nicht
sehen wollen, dass sie sogar nationalrechts und auch
nationallinks selbst beleben: **Das Prinzip des Pendels ist klar:
je mehr man auf die eine Seite das Pendel drückt, desto
mehr wird es auf die andere kommen, mit eigener Kraft. Je
mehr man an die Säge drückt, desto früher klemmt sie sich.
Die, die sich am meisten über „Rechtsruck" beschweren,
haben ihn oft selber mitverursacht. Ist daran etwas
schwierig zu verstehen?**

## Viele Unternehmen machen mit – warum?

Diese linke Ideologie kommt in die höchsten Etagen der
Politik, aber auch in die höchsten Etagen einiger Unternehmen
an. Es entstehen neue Verhaltenskodexe für Arbeitnehmer in
vielen Firmen, manche sind vor allem gegen Korruption
gerichtet, andere gehen viel viel weiter, schreiben den
Menschen fast vor, wie sie denken sollen. Ich habe viele
gesehen und übersetzt, Näheres kann ich nicht schreiben, da
ich nie sagen kann und will, was genau ich für welche
Kunden übersetze. Also weiters erwähne ich nur die etwas zu
übertriebenen Fälle, mit denen ich nie direkt gearbeitet habe.
Es gibt bereits im Namen der Multikulti-Ideologie sogar
Schritte, die wir nur als Monokulti (und gar keine Multikulti
mehr) auswerten können und die heimischen Institutionen
und sogar Privatunternehmen kommen da entgegen:
**beseitigte Kreuze bei Lidl-Verpackungen auf griechischen
und italienischen Bildern an Produkten** (siehe Bild).
Die „reizenden Symbole" der „untergehenden Religion"
sollen weg, ersetzt. Dabei gibt es im gleichen Supermarkt
keine beseitigten Halbmonde, obwohl man dazu gesagt hat,
dass man Religionssymbole **allgemein** nicht vorzeigen
möchte, um Kunden nicht abzuschrecken. **Allgemein heißt in
der progressiven Ära nicht immer allgemein.**

Könnte das jemand glauben, Einmarsch einer neuen Kultur, Beseitigung der alten und fast kein Widerstand (vor allem im linken Westen), die neuen Werte werden gelobt und die Symbole der *langfristig Angesessenen* versteckt? Doch, das ist die unglaubliche Wirklichkeit. Und das ist sogar nicht mehr Multikulti.

# LIDL, KREUZE UND HALBMOND

Vergleich mit dem kommunistischen Realsozialismus ist angebracht: Es gab einen bis heute sehr angesehenen und populären tschechischen Maler und Schriftsteller Josef Lada (1887-1957), dessen Bücher und Bilder die Grenzen Tschechiens überschritten (sein Kater Mikesch wurde sogar in der alt-BRD als eine Serie verfilmt).

Josef Lada Bilder hatten oft auch Religionssymbole und Kirchen in den Landschaften und den Kommunisten passte das nicht, sie konnten oder wollten Lada jedoch nicht völlig verbieten, da er zu populär war. So machten sie mit seinen Bildern nach seinem Tod ähnliche Zauber, die jetzt Lidl mit den Kreuzen an Santorini (Griechenland) und Dolceacqua (Italien) machte. Religionssymbol weg, ein Ästchen hinein (siehe Bild).

## Bildzensur wiederholt sich

Ist das nicht interessant, dass die neuen Eliten, sogar die „kapitalistischsten" Unternehmen jetzt die gleiche Zensur machen, wie einst die Kommunisten? Komisch, aber trotzdem passiert das.

Glaubt auch Lidl an die Umvolkung, oder hat er nur „so progressive" Menschen in der Führung, dass sie bereits jetzt wissen, dass man nicht Gegenwind machen kann, da die *höheren Kräfte* bereits *dehn-mock-rattisch unter sich selbst* entschieden haben und dass entweder mitgemacht wird, oder wird man untergehen?

Löschen der Merkmale der christlichen Kirchen durch „Respektieren der Diversität/Vielfältigkeit" zu begründen, das ist bereits Neusprech einer höheren Stufe. Nachdem sich Lidl wegen der griechischen Kreuze entschuldigt hat, macht er nach vielen Wochen dasselbe mit den italienischen. Und keine Köpfe fallen, mindestens öffentlich, also im Einklang mit Einsichten des Big Boss? Falls nur Fehler, warum wird der gleiche Fehler zweimal wiederholt? Fragen, aber keine Antworten.

Nicht nur Lidl macht mit, kein Einzelfall also. EDEKA wirkt da auch erzieherisch. Haben Sie mal gedacht, es werden euch, Erwachsene, die Lebensmittelketten erziehen? Neue Zeiten, neue Aufgaben. Lebensmittelketten erziehen, Ideologen machen Journalismus, und Kühe bezahlen für öffentlich-rechtliches Fernsehen nur deswegen, weil sie auf deren Stall eine Nummer haben (jedoch keinen Fernseher). Macht noch etwas überhaupt Sinn? (Kann ich das noch schreiben, oder ist es bereits Hetze *gegen die sozialistische Gesellschaftsordung*, wie es die Kommunisten nannten?)

Die Aktion EDEKAs war fast wie aus den kommunistischen Zeiten der Propaganda ausgeschnitten. Wir in Tschechien (falls älter als 40) haben jetzt so viele Deja Vus im Blicke auf Westeuropa, wahrscheinlich auch Menschen in den östlichen Bundesländern fühlen, etwas läuft schief und ähnelt den kommunistischen Versuchen damals.

# Spanische Tomaten weg

Was EDEKA gemacht hat: Eine Aktion unter dem Motto „Was alles ohne Ausländer fehlen würde" – an einem Tag waren plötzlich spanische Tomaten weg, griechische Käsen auch weg, exotische Früchte weg...

Alles oder fast alles aus Europa. Total daneben: Ich habe nicht gemerkt, dass jemand in Deutschland gegen Handel mit Spanien oder sogar in Deutschland arbeitende Spanier oder Griechen protestiert. So etwas gibt es nicht.

Die Anti-Einwanderungstimmen waren anders gemeint, und damit hat sich diese Aktion verfehlt. Europa führt (leider) wirklich nicht viel Lebensmittel aus den Ländern des Nahen Ostens, nur Menschen. EDEKA kann daher nicht wirklich vorführen, was alles aus Afghanistan, Syrien, Somalien, Eritrea oder Irak in den Regalen fehlen würde, da sie im Angebot aus diesen Ländern kaum etwas hat. Vielleicht sollte sich die Kette mehr anstrengen, auch mal etwas von dort zu importieren (niemand würde protestieren, einschließlich Kritiker der seltsamen Einwanderungspolitik). Es wäre doch viel besser als unpassende Erziehung der Erwachsenen in Deutschland und würde auch dafür sorgen, dass die Menschen außerhalb Europas etwas mehr Arbeit haben und nicht nach Europa zu den Sozialtöpfen „fliehen" wollen.

# Indischer Käse und durchgelobbte EU-Überregulierung

Vielleicht liegt das Problem ein paar Stufen höher als bei EDEKA. Ich habe vor einigen Jahren indische Fertiggerichte mit Paneer-Käse gekauft. Viele Europäer haben so ganz regelmässig den Menschen in Indien Arbeit gegeben. Eines Tages hat mir die liefernde Firma geschrieben: leider können wir diese Fertigspeisen nicht mehr einführen, die EU-Vorschriften verbieten das, ab jetzt sind Fertiggerichte aus Indien nur mit Tofu erlaubt.

Ach so. Die warmherzige EU, die jeden wirtschaftlichen Zuwanderer, auch mit krimineller Vergangenheit, ohne Dokumente, und sogar wenn weiter kriminal in Europa tätig, einfach hier kommen läßt und füttert, kritisiert den ungarischen Zaun gegen illegale Grenzübertritte (und finanziert dabei den spanischen Zaun in Ceuta/Melilla), **baut jedoch immer höhere Handelsmauer** gegen Produkte aus den ärmeren Ländern der Welt. Gratulation: so eine kopflose Mischung an Politik kann man nicht ausdenken. Als ob innerhalb der EU nur Agenten für Vernichtung arbeiten würden und die Politiker machen mit. Auch in Deutschland. Massage mit Propaganda gegen angeblichem Rassismus, den es fast nicht gibt, helfen da nicht, bitte lieber die schändliche Handelsmauer abreißen. Mit so einer EU-Handelsmauer ist jede Kritik an Trump-Einfuhrzölle nur Doppelmoral.

## Demografie spricht klar

Der Frank und die Steffi haben ein Kind, der (manchmal vollbartige) Mohammed und die Leila fünf. Was passiert in nur zwei oder drei Generationen, und wie harmonisch wird sich die Gesellschaft dazwischen entwickeln, falls Integration nicht gelingt und Parallelgesellschaften wie in Frankreich weiterexistieren? Die einzige Hoffnung ist, wenn die Kinder von Mohammed und Leila die intoleranten Versen der Religionsbücher abwerfen, und die, die das nicht tun, zurück nach Hause gehen. Ob das passiert, wissen wir nicht, vieles deutet leider in die andere Richtung der Radikalisierung. Auch manche „Nafris" in Frankreich, die in der ersten Generation dankbar und relativ integriert waren, fühlen sich in der zweiten und sogar dritten Generation ausgegrenzt und greifen zum Islamismus. Man könnte fragen: „Wo haben die Genossen Fehler gemacht?", „Wer hat da Fehler gemacht?" und wenn so, „Warum wird dasselbe der Ost-EU aufgezwungen?". Ernste Fragen, keine Antworten.

Kann jemand nicht verstehen, dass die Nachrichten, wo
Tausende „französische", „britische" oder „schwedische"
Islamisten für den IS kämpfen wollten und kämpften, in
Europa nicht ganz normal sind? Und dass genau dies Länder
wie Tschechien oder Polen gar nicht wollen und gar keinen
Grund haben, solche Menschen einzuführen? Warum wird so
ein Druck ausgeübt? Denkt überhaupt jemand in der „linken"
Szene Deutschlands darüber nach?

Nervöse böse Aussagen mit Drohungen fliegen aus dem
Westen und dann auch zurück aus dem Osten. Ist das eine
Erfolgspolitik? Die Ostwähler erwachen als erste, sie riechen
Manipulationen von ferne, und das kommunistische Regime
dort oder da war zwar schlimm und nur eine Blindgasse der
Entwicklung, aber ich sehe, es war trotzdem für eines
nützlich: es hat Menschen gegen Manipulationen geimpft.
Wer eine Infektion überlebt hat, ist oft fürs ganze Leben
immun. Und das war vielleicht das einzig gute daran. Man
weiß jetzt schneller. Im Westen gab es diese Impfung gegen
Manipulationen nicht, jedoch auch Menschen in vielen
westlichen EU-Ländern wachen jetzt auf.

**Zusammengefasst**
Die Multikulti-Ideologie ist falsch, sie kann nicht
funktionieren. Undemokratisch umgewandelt in eine andere
Monokultur ist sie noch mehr falsch. Europa ist bereits bunt –
multikulturell europäisch - und braucht nicht, noch bunter zu
werden, um eine Monokultur am Ende zu bekommen.
Eigentlich arbeiten die Multikulturalisten langfristig gegen
Multikultur, es geht eher darum, Europa gleichzuschalten.

Es war sogar leicht vorhersehbar, dass die Gegenkräfte, und manche davon nicht sehr schmackhaft, damit gestärkt werden, dass man damit Europa am Rande des Zerfalls bringt und dabei nicht einmal 0,01 % der Leidenden außer Europa hilft, und nicht den Richtigen, die es am meisten brauchen. Die MK-Gläubigen haben das alles nicht gesehen. Wenn man an etwas fest glaubt, denkt man oft nicht nach. Einige haben bereits verstanden, andere werden mehr Zeit brauchen, und noch andere begreifen nie, was sie angerichtet haben. In der Geschichte gab es meistens nur Vermischungen der Ethnien, die langsam und friedlich verliefen, oder die, die schnell und gewaltsam verliefen. Schnelle und friedliche Vermischungen sind ein Märchen, realitätsfern und gefährlich. Und genau das versuchen jetzt die MK-Ideologen, wieder ohne Erfolg. Dazu nur noch ein Zitat vom unbekannten Autor: „**Verrückt ist der, der immer die gleichen Dinge tut, jedoch andere Ergebnisse erwartet**".

GRUND 13:
# VERSAGEN DER POLITIK UND ANDERE ERKLÄRUNGEN

*Kann die Politik versagen? Versagt Politik häufig? Wenn wir auf die ganze Welt blicken, Politiker versagen oft. Die meisten Politiker in meisten Ländern schaffen Systeme, die wirtschaftlich nicht funktionsfähig sind, bremsen Aktivität, tanken Gelder, die dem ganzen Land dienen sollten, oder regieren undemokratisch, korrupt und gewaltsam. Wenn wir auf die demokratische Welt der letzten 70 Jahre blicken, Politiker versagen zwar etwas weniger als Weltdurchschnitt (wegen mehr Kontrolle als in Autokratien), sie versagen trotzdem oft. Wir hatten mehr Glück in diesem Teil der Welt, und es hat zwar nichts mit Rassen oder Nationen zu tun, vielleicht eher oft mit natürlichem Recht, das beharrlich ist und mit Religionen und Kulturen mehr oder weniger zusammenhängt. Trotzdem ist auch in Demokratien Versagen der Politik nichts Seltenes. Keine der vorigen Erklärungen der seltsamen Flüchtlingspolitik wäre also vollkommen ohne diesen Grund: Versagen der Politik.*

Es kann sein, obwohl unwahrscheinlich, dass keine Gründe aus den vorigen 12 Kapiteln gelten. Es kann auch so sein, dass die Politik zwar alles gut gemeint hat, war jedoch nicht imstande, eine gute Lösung zu finden. Am besten hat es der bereits verstorbene russische Premierminister der Ära Jelzin, Wiktor Tschernomyrdin, gesagt. Der hat es so treffend ausgedrückt, dass ich ihn auf dieser Stelle zitieren muss: „**Wir wollten das Beste, aber es kam wie immer**". Dies beschreibt das Problem des Politikversagens nicht nur in Russland natürlich, sondern in der Politik allgemein.

Bevor wir weitergehen, hier noch ein Zitat, das die Politik auch sehr gut beschreibt. Zum letzten Mal gehört von Viktor Orbán, dem ungarischen Ministerpräsidenten, jedoch der Autor ist unbekannt: „**Manche Politiker sind wie schlechte Reiter. Sie sind so sehr beschäftigt damit, im Sattel zu bleiben, dass sie nicht imstande sind zu verfolgen, wohin sie gehen.**"

## Politik Classique: Versagen eingebaut, eingefleischt

Warum ist die Politik so oft so ineffektiv und manchmal so tragisch für die Menschen? Am besten hat dies Milton Friedman, der Nobelpreisträger für Volkswirtschaftslehre, erklärt.

**<u>Es gibt vier Situationen</u>:** Eine, wo der Mensch *über seine eigene Gelegenheiten entscheidet,* die er/sie *selbst bezahlt* und dafür *Verantwortung trägt* und *die Folgen* – gut oder schlecht – *trägt er auch selbst.* Das ist die erste Situation, wo man am effektivsten handelt. Die vierte Situation: Am wenigsten effektiv entscheidet man, wenn man *über Gelegenheiten anderer entscheidet,* die man überhaupt nicht kennt, und diese Entscheidungen werden auch noch *von anderen bezahlt* und deren *Folgen tragen andere als der Entscheidungsträger.* Es gibt auch noch 2 Situationen dazwischen, die jedoch nicht für unsere Diskussion sehr wichtig sind.

Das Muster ist klar. Wer über sich selbst entscheidet, bezahlt das und trägt Folgen, wie in der Familie, im privaten Unternehmen, bei selbständiger Arbeit, dort fallen die effektivsten und am besten durchgedachten Lösungen. Meistens oder öfter, nicht immer. Und **an dem anderen Ende ist die Politik:** dort entscheiden Menschen, die die Lösungen nicht bezahlen und die Folgen nicht (direkt) tragen. Mit Geldern anderer ist es so verführerisch leicht, entweder mit guten Absichten zuviel einzusetzen, zuviel riskieren und verlieren (andere tragen die Folgen), ja sogar mit schlechten Absichten Geld oder öfters andere Vorteile abzuschöpfen. Es ist nicht ganz wichtig, ob dies als reine Korruption erscheint, oder ob das nur den Politiker ins gute Licht stellt und nur „politischen Gewinn" mit sich bringt, dafür jedoch den Steuerzahler mehr kostet. Im Grunde genommen sind die Ergebnisse und die Verlierer am Ende nicht viel anders gestellt.

Daher kann die Politik viel öfter (nicht immer) schlechtere und nicht gut durchgedachte Lösungen wählen als die Privatsphäre und macht das auch öfter. Und das ist der Hauptgrund, warum Sozialismus/Kommunismus mehr leid zu Folge haben als Kapitalismus des freien Marktes. Genau daher ist Südkorea mehrmals reicher als Nordkorea, genau daher war der Westen Europas besser drauf als der Osten unter Realsozialismus. Und genau deswegen sind weite Teile Afrikas und des Nahen Osten dort, wo sie sind. Und auch genau deswegen stagniert die EU, sich am Rande des Zerfalls bewegend.

Ein Paradox: Trotzdem wählen Menschen immer wieder
Politiker, die ihnen mehr Staat, mehr
Verbote/Anordnungen/Regulierungen, mehr Sozialismus,
mehr Umverteilung und weniger Privatentscheidungen,
Eigeninitiative und Selbständigkeit anbieten. Natürlich, der
Staat hat auch Vorteile (besonders in der schlanken Version),
nicht alles kann in der Privatsphäre oder individuell gelöst
werden, aber im allgemeinen gilt das und im Durchschnitt
sind die öffentlichen politischen Entscheidungen öfter falsch
und öfter kosten sie mehr, da viel Geld und Zeit verschwendet
wird und manchmal wählt man ganz tragische Lösungen.

## Eine Vorstellung: Flüchtlingspolitik ohne Staat und Zwangsumverteilung

Die Flüchtlingspolitik ist nur ein Beispiel desgleichen. **Stellen
wir uns kurz vor, wir haben nur private Gelder, private
Entscheidungen und keine Zwangsumverteilung.** Die Eliten
entscheiden, dass Menschen aus Asien und Afrika nach
Deutschland oder Europa eingeladen sind, da man doch
„helfen will". **Frau Merkel stellt ihr Haus freiwillig zur
Verfügung und nimmt zehn Flüchtlinge an.** Dasselbe macht
Frau Nahles, Herr Schulz, die meisten Grünen und die ganze
Willkommenskulturgruppe. **Alle diese Menschen stellen ihre
Zimmer zur Verfügung, müssen den Menschen selber
helfen** (Geld geben, Arbeit finden, Sprachkurse bezahlen, und
so weiter). **Andere Menschen, die das nicht wollen, kostet
diese Aktion nichts, außer etwas weniger Sicherheit, wofür
man gegen die Entscheidungsträger einfach klagen und
Kompensationen gewinnen kann.**
Würden alle Grün-Linke-Multikulturalisten ihre Pforten
öffnen und Zimmer unter solchen Bedingungen zur
Verfügung stellen, ihren Gehalt und Eigentum teilen? Nicht
alle und eher auch nicht die meisten. Sie glauben oft nur an
Guttun auf Kosten anderer.

**Es gäbe weniger Flüchtlinge und Migranten, und eher nur Flüchtlinge, die wirklich Hilfe brauchen.** Niemand würde Geld verschwenden, um einen islamistischen Tunesier Amri, der zu Hause nicht verfolgt war und vor Krieg nicht flüchtete, bei sich zu Hause zu unterbringen. Es gäbe weniger Terrorakte, raschere Abschiebung, und die Menschen bekämen schneller Arbeit, da Frau Merkel und Co. würden sehr sehr interessiert daran, diesen Menschen zu einem eigenständigen Einkommen und Leben zu helfen. Damit sie ins eigene Quartier ziehen können und die Helfer wieder ihren Haus für sich und ihre Familie haben.

## Flüchtlingspolitik mit dem Staat und Zwangsumverteilung

Jetzt stellen wir uns vor, *was wir stattdessen bekamen.* Das wissen wir doch alle. **Die Politik bezahlt für ihre Entscheidungen nicht, es bezahlen die Steuerzahler – auch die, die damit nicht einverstanden sind. Die Folgen tragen auch nicht die Politiker** (oder nicht so sehr, abgeschotten in ihren Villen und bewachten Stadtvierteln) – **bei Terrorakten werden ganz normale Menschen umgebracht, die Politiker nur sehr selten oder nie.**

Sie passieren öfters auf den Straßen, in den Zügen, und an anderen Stellen, wo fast keine Politiker vorkommen. **Wenn Mieten wegen mehr Menschen im Land steigen, trifft das die ärmsten Ureinwohner, die Mietwohnungen haben, nicht die Politiker – die leben im eigenen Haus.**

Wenn es schärfere Konkurrenz auf dem Arbeitsmarkt gibt, dann gerade mehr in den „einfacheren" Berufen, die fast jeder machen kann und die nicht sehr gut bezahlt sind. Die Politiker sind dabei nicht betroffen, die Menschen ohne Hochschule oder Mittelschule sind am meisten betroffen.

Ein Bruchteil der Eingewanderten arbeitet, nimmt etwas Arbeit den unqualifizierten, aber mindestens bezahlen diese Menschen Steuer und schaffen Werte. Die meisten arbeiten nach Jahren nicht, bekommen Gelder aus den Staatstöpfen, die nicht von den Politikern gefüllt werden. Ganz im Gegenteil – **beide Gruppen, die Politiker und die Flüchtlinge ohne Arbeit – nehmen Geld aus den Töpfen, wobei die anderen Bürger und Nichtbürger (meistens Bürger) müssen mehr an Steuern zahlen.** Die Situation „mehr Ausgaben" braucht mehr Einnahmen oder andere gestrichene Ausgaben, die **die Ureinwohner treffen** (meistens nicht die Politiker unter ihnen). Die Alternative dazu ist nur mehr Verschuldung, mit der wir in Europa keine gute Erfahrungen haben.

## Unternehmen und die Politik

Die Politik lebt in keiner Luftleere und entscheidet nicht ohne äußere Einflüsse – dh. z. B. durch Lobbying und Parteispenden wird die Politik von der Wirtschaft mitgestaltet. Der Wähler ist da nicht der einzige König der Politiker, leider. Manchmal auch nicht der Wichtigste. **"Die ganze Kunst der Politik besteht darin, sich der Zeitumstände richtig zu bedienen,"** sagte einmal der französische König Ludwig XIV. Manchmal, und bei der Flüchtlingskrise besonders, sieht es so aus, als ob da noch einige solche Könige (im Hintergrund) das Sagen haben. Es ist ganz vorstellbar, manche Unternehmen spielten in der Flüchtlingspolitik eine Rolle. Einige konnten solche Vorstellung haben: wir brauchen billige Arbeitskräfte. In Deutschland und Europa sind diese zwar auch zu holen, man müsste ihnen jedoch etwas mehr bezahlen.

Unterstützen wir eine Flüchtlingswelle und dann wählen wir daraus einige billige Arbeitskräfte aus. Gut für uns. Der nicht arbeitende Rest wird nicht von uns gefüttert und untergebracht, das bezahlt der Steuerzahler, der Otto Normalbürger. Also **genau wie bei der Finanzkrise: Halb-Sozialismus/Halb-Kapitalismus für die Unternehmen – Gewinne bekommen die großen Unternehmen, Verluste trägt der Steuerzahler – das kann langfristig nicht funktionieren, stabilitätswirkend auf die Gesellschaft ist das nicht.** Am Ende trifft das alle, auch die Großunternehmen, aber manche sind nicht ganz imstande, makroökonomisch oder langfristig global volkswirtschaftlich zu denken. Mikroökonomische Vorteile und kurzfristiger Gewinn ist verlockend. Was passiert mit dem Ganzen, ist für sie weniger interessant. Oft passiert es, das die Politik von diesen Menschen gesteuert wird, oder mindestens mitgesteuert.

## Deutschland ist doch reich und sieht gut aus! Dank an die Politiker, oder?

Natürlich. Deutschland ist eines der schönsten und reichsten Länder der Welt. Deutschland hatte lange Glück, etwas bessere Politiker als die meisten Länder zu haben. Sie haben sich weniger eingemischt als jetzt. Was wen dies jetzt nicht mehr der Fall ist? Wir sehen mit einem Fernglas in die Zukunft nicht.

Deutschland ist reich und prosperierend, jedoch nicht wegen Frau Merkel, Frau Nahles, Herr Schulz und die Grünen. **Die Prosperität Deutschlands stammt aus der Wirtschaftspolitik der Nachkriegszeit.** Ludwig Erhard ist hier der eine, dem zu bedanken ist, vielleicht auch noch andere bis Helmut Kohl. **Die Ergebnisse der Politik der letzten 10 Jahre werden sich erst in der Zukunft zeigen.**

**Einiges ist bereits beunruhigend.** Die Medienfreiheit war immer hoch, wird jedoch zurückgeschraubt. Die Massenmedien sind nicht mehr so bunt, und obwohl man immer wieder auf Kritik der polnischen oder anderen Medienszene in der deutschen Presse trifft, in Wirklichkeit gibt es in Polen sogar Fernsehsender, die Pro-Regierung und Pro-Opposition gerichtet sind. Das sehen wir in Deutschland nicht oder nicht mehr. Einige Themen sind Tabu. Oppositionspolitiker (z. B. Petr Bystron, AfD) wurden Hausdurchsuchungen unterstellt, die dann (noch) von der Justiz als Unrecht bezeichnet wurden. Mit diesem Tempo schreitet Deutschland von der bisherigen Freiheit weg. Ohne Freiheit und ohne Sicherheit (ja, Polen oder Tschechien sind jetzt sicherer und auch freier als Deutschland oder Schweden, und ich glaubte nie, dass ich mal so etwas schreiben werde) – ohne diese zwei Grundlagen gibt es auch keine wirtschaftliche Prosperität, langfristig.

In den nächsten Jahren wird sich die gute Situation Deutschlands eher noch nicht viel ändern, man sollte jedoch aufpassen und die Grundlagen der heutigen Prosperität nicht abbauen, sondern wieder aufbauen. Europa ist wirtschaftlich verstrickt durch Handel, Deutschlands Untergang kann niemand wollen (und umgekehrt). Wir brauchen starke, sichere, freiheitsdenkende (und dann auch prosperierende) Nachbarn überall in Europa und wenn es geht, dann in der ganzen Welt. Im Moment gehen wir leider den anderen Weg und die zentrale Macht, aus der dies ausgeht, sind unter anderem die deutschen Eliten. Daher habe ich dieses Buch zuerst auf deutsch geschrieben. Ich möchte auch mich/uns alle retten, falls ich etwas dazu beitragen kann, dass ihr euch rettet und wieder den alten Kurs findet. Eine WIN-WIN Situation für alle Länder Europas, wobei das, was jetzt geschieht, eine LOSE-LOSE Situation ist, für Deutschland oder für seine Nachbarn. Das muss nicht so sein.

# Die Politik braucht Instrumente der Korrektion

Die heutige Politik, so sehr sie unter verschiedenen Lobbys und eingefleischter Ineffizienz leidet, braucht irgendeine **zusätzliche Korrektur**. Nichts neues unter Sonne: in der Schweiz funktioniert das gut und die Politik macht daher weniger extreme Entscheidungen. Falls sie diese macht, werden sie einfach als ungültig erklärt von den Wählern. Das heißt Volksveto, und auch noch Referendum/Volksentscheid. **Der Politiker ist dabei nicht so sehr aus der Kette des Otto Normalbürgers, kann nicht zu weit entlaufen, die Schaden sind begrenzt. Ganz Europa braucht mindestens ein Volksveto, und am besten auch Referenden.** Die ganze Welt braucht diese Instrumente auch. (Die Hintergrundlenker und Geldabschöpfer und selbsternannte Weltdirektore brauchen die direkte Demokratie nicht und werden sich dagegen wehren.)

Eine noch bessere Lösung bei Fragen, die nicht von allen oder von den Politikern entschieden werden müssen, ist es, diese Entscheidungen zurück an die Familien und Bürger zu geben. Ich möchte zum Beispiel nicht gegen indischen Käse geschützt werden, ich bin Erwachsen (und Sie auch) und wir können selber entscheiden, ob dieser Käse gut für uns ist oder nicht. Genauso ist es mit alternativen Therapien oder sonstnochwas. Wir sind keine kleinen Kinder und die Politiker sind keine guten Eltern/Lehrer, die alles besser wissen und besser entscheiden.

**Falls die Politiker alles besser wissen, können wir doch einfach Märkte durch Planwirtschaft ersetzen und sie werden uns wieder planen können, wieviel Toilettenpapier oder Autos gebraucht werden und für welche Preise** (es gab Engpässe auf dem kommunistischen Markt des Toilettenpapiers gerade deswegen, dass Politiker und Zentralplaner so etwas nicht können und nicht können können).

So war das in der kommunistischen Wirtschaft und das hat nie funktioniert und konnte nicht funktionieren. **Die Politiker sind Menschen wie du und ich, vertreten uns, sollen unsere Entscheidungen nicht in so vielen Fragen ersetzen wie jetzt, vieles können wir selber entscheiden, und sogar besser, oder (für die Pessimisten) mindestens genauso schlecht.**

## Realitätsverlust: Augen zu und blind weitermachen?

Das alles gilt auch für die Flüchtlingspolitik. Es ist ein totaler Realitätsverlust, nicht zu sehen, was diese seltsame Politik verursachte.

Neue Spannungen zwischen bisher freundlich zueinander gesinnten Staaten, die ganzen politischen Szenen werden umgeformt (in die andere Richtung, als es die Willkommenspolitiker wollen – sie waren nicht einmal imstande, dies vorherzusagen, obwohl das sehr gut vorhersehbar war).

Die EU steht am Rande eines möglichen Zerfalls, die Beziehungen in der NATO sind nicht so gut wie sie waren (Deutschland – Türkei, Deutschland – Polen, Deutschland – USA) – und wem dies nutzt, ist ganz klar. Nicht immer ist der andere verantwortlich. Es gibt hetzeartige unausgewogene Kampagnen, die ich mit Besorgnis in den deutschen Hauptstrommedien verfolge. Die Arbeit der Journalisten ist oft schlecht – sie fragen nur eine Seite, die, die ihnen passt. Manche aus Überzeugung, andere wegen der Chefs, die alles regierungstreu fest im Griff haben.

**Europa kann nicht eine ständige Einwanderung stimulieren, mit Worten und Geldern. Europa kann nicht alle einnehmen, die es gerne wollten. Dieser banale Satz, den jeder mit fünfter Klasse verstehen sollte, mit etwas Mathematikkenntnissen, war leider nicht von den Politikern verstanden oder wollte nicht verstande werden oder wurde unterdrückt.**

Das im Falle des Politikversagens. Falls es nicht um Politikversagen geht, gelten meistens noch schlimmere Gründe (siehe andere Kapitel). Politiker sind normalerweise nicht dumm, und sie wollen auch kein politisches Harakiri (Seppuku) begehen. Wenn sie trotzdem sehen, wohin ihre Politik führt und aus dem Kurs nicht weg wollen/können, dann läuft etwas sehr schief und Wähler sollten erfahren, warum. Die Journalisten sollten für die Wähler fragen stellen, die sie jedoch im Moment eher nicht stellen.

## Andere Gründe

Damit wir alle Gründe erschöpfen, sollten wir auch andere Möglichkeiten erwähnen. **Nichts in der Welt ist alternativlos, falls nicht alle Alternativen mit einbezogen sind. Damit wir die dreizehn Erklärungen der seltsamen Politik alternativlos machen, muss der dreizehnte Grund (Versagen der Politik und andere Erklärungen) alle anderen, die nicht erwähnt wurden, beinhalten.** Also, geben wir zu, diese dreizehn Erklärungen sind nur die wahrscheinlichsten (manche mehr, manche weniger), aber nicht alle möglichen.

Führen wir also noch einige seltsame Erklärungen auf, einschließlich die unwahrscheinlichsten, nur fürs Nachdenken oder Unterhaltung:

- **Emotionen kurzfristig über Verstand** (Emotionen spielen bei PolitikerInnen und bei WählerInnen eine Rolle, auch gegen Verstand)
- **hormonale Veränderungen einiger SpitzenpolitikerInnen**
- **jemand im Hintergrund will Grundfreiheiten oder auch Demokratie abschaffen, was nur mit Chaos machbar ist** – Menschen geben oft nur dann ihre errungenen Freiheiten ab, wenn es ihre Sicherheit zurückbringt.

Falls so eine Absicht existiert, ist Chaos logischerweise der erste Schritt dazu, wobei offene Grenzen die schnellste Möglichkeit sind, dies zu erreichen. Noch besser für diese Menschen: offene Grenzen mit Einwanderung auch der Kriminellen, die nie wirklich abgeschoben werden (was unglaublicherweise oft die Realität ist). Die Politiker haben eine Situation mit mehr Terror und mehr Gewalt geschaffen, die nur entweder mit einer starken Vergrößerung der Überwachung allgemein oder mit Abschiebung der Radikalen zu lösen ist. Die zweite Lösung wird nicht durchgeführt und es werden immer noch weitere angenommen, obwohl langsamer. Somit könnte man denken, dass da jemand die erste Lösung (mehr Überwachung) durchsetzen will und es kann sein, dass diese einer der wirklichen Ziele ist.
- **jemand will damit Krieg zwischen den Kulturen/Religionen hervorrufen, um Geld zu verdienen, oder um sich selbst zu retten, oder um sich selbst wirtschaftlich und politisch zur Weltmacht zu machen** (ich meine damit keine der bisherigen Demokratien)

oder vielleicht...

...**zuviele Katzen in Deutschland**. Das Argument (etwas komisch, eher für Unterhaltung) geht so. Deutschland hat mehr Katzen in den Familien als Mittelosteuropa. Katzen haben oft Toxoplasmose. Toxoplasma infiziert Menschen. Ein Drittel der Menschen haben latente (schlafende) Toxoplasmose im Gehirn. Schlafende Toxoplasmose-Zysten haben meistens keine starken Folgen auf die Gesundheit, oft vielleicht nur eines, das bewiesen ist (Wissenschaftler dahinter: Havlíček, Flégr). Latente Toxoplasmose-Zysten manipulieren mit Neurohormonen des Gastgebers so, damit dieser mehr vertrauensvoll und leichtgläubig ist.

Ziel der Toxoplasmose ist es, dass der Gastgeber gefrossen wird und dass die Toxoplasmose so in den Darmtrakt eines Katzenartigen gelangt, um ihren Zyklus weiterzuführen. **Die Toxoplasmose weiß nicht, das es keine Tiger auf den Straßen Deutschlands gibt und dass die Katze einen Menschen nicht fressen kann.** Daher manipuliert sie, als ob dies ginge. Ergebnis: Menschen mit schlafender Toxoplasmose im Hirn werden dann nicht Opfer der aggresiven Katzen (Humor), sondern (leider kein Humor mehr) Opfer der Verkehrsunfälle viel öfter als die Menschen ohne schlafende Toxoplasmose im Gehirn. Da sie mehr vertrauensvoll und leichtgläubig sind.

Aus dem bisher gesagten und aus den wissenschaftlichen Beweisen könnte man ableiten, dass diese Menschen allgemein auch gegenüber Gefahren einer Masseneinwanderung weniger empfindlich und mehr vertrauensvoll sind. Wir wissen nicht, was die Weltpolitik in letzter Instanz steuert und wir wissen nicht alles – vielleicht macht da auch die Toxoplasmose mehr als wir denken. Halb-Scherz, halb-konspirativ, aber trotzdem ein kleines bisschen möglich. Alles in der Welt hat viele Gründe zugleich.

*Hier machen wir Stopp. Man könnte noch viele seltsame Gründe und Erklärungen auflisten, was nicht das Hauptziel dieses Buches ist. Das Ziel ist es, Europa wieder stabil, freundlich zueinander machen und mit einer Kultur, die Demokratie, Freiheit und Stabilität fördert. Kein Diktat, sondern blühende Landschaften mit Freundschaften. Die können noch zurückkehren, wenn wir alle wirklich wollen. Die multikulturelle gewaltsame Ideologie geht nicht in diese Richtung, mindestens nicht so gemacht, wie sie gemacht wird. Und die Politik braucht mehr Mitsprache der Wähler, wie es sich gerade heute mehr und mehr zeigt.*

***

Es ist möglich, dass eine, mehrere, viele oder alle der 13+ aufgelisteten Erklärungen der seltsamen Flüchtlingspolitik zugleich gelten, mehr oder weniger. Es ist auch möglich, dass wir es bald, später, oder nie erfahren. Was die Journalisten machen sollten: die Politiker zwingen, die wahren Gründe zu sagen. **So, wie diese Politik begründet wird, macht sie keinen Sinn. Dieses Buch soll dazu beitragen, um diese Fragen zu stimulieren, damit Demokratie und Freiheit nicht schrittweise durch eine Salami-Methode abwandern, ohne dass wir dazu etwas sagen können. Es ist bereits oft in der Geschichte passiert und wir sollten alles tun, um dies zu verhindern.**

Zum Schluss:

# DER KLEINE OTIK

*Ein Märchen über den Integrationshungrigen*

Es gab einmal zwei Eltern, die keine Kinder haben konnten. Der Mann fand ein Stück Holz und hat daraus einen Sohn geschöpft. Und plötzlich passierte ein Wunder. Der Kleine begann zu atmen. **Wir haben das geschafft und mit der Erziehung schaffen wir das auch!** Seine Frau war begeistert. Er begann gleich zu sprechen, seine ersten Worte waren diese drei: **Ich bin hungrig!** Er bekam Brot und Gemüse und Brei und Fleisch und alles, was zu Hause war. Er wuchs sehr schnell, statt Jahren dauerte es Stunden, bis er sich verzweifacht hat.

Wenn er alles gegessen hat, war er immer noch hungrig und all dies war nicht genug und er schrie wieder. Er as dann alle Tiere im Haus, und da er immer noch hungrig war, as er seinen Vater und seine Mutter, er konnte das nicht stoppen, as noch Möbel und alles, was in dem Haus stand. Dann musste er hinaus aus dem Haus und as jeden, den er begegnete, massenweise. Dieses Märchen hat ein gutes Ende: eine kluge Frau hat ihn mit einer Hacke besiegt und all die Gegessenen kamen aus seinem Bauch ans Tageslicht und lebten weiter. Dieses alte tschechische Märchen erinnert an heutige Ereignisse. **Es gab einmal einen, der immer integrationshungrig war.**
Die Integration Ostdeutschlands war noch lange nicht fertig und man hatte Lust, ganz Europa zu integrieren. Diese Integration war noch lange nicht fertig und man hat bereits den Nahen Osten, ja sogar Afrika integrieren wollen. Diesmal nicht mit dem Territorium, sondern nur die Menschen wollte man verschlucken, je mehr, desto besser. Stichwort: Keine Obergrenze.

Diese hatte der Kleine Otik auch nicht und es bedarf einer mutigen Frau, die sich ihm in den Weg stellte und seine angeblich nicht existierende Obergrenze wieder auf Null zurückeingestellt hat.
Manche Märchen erinnern uns ganz treffend an heutige Zeiten, nicht wahr? Die Märchen haben einen Vorteil zu der Wirklichkeit: sie enden immer glücklich.

Eine wichtige Lehre daraus: **Man sollte nur das essen, was man auch gut verdauen kann, ohne dass man unharmonische Beziehungen zu seiner Umgebung schafft. Keine Obergrenze beim Essen, zuerst legal und dann illegal, heißt am Ende nichts in dem (zerschnittenen) Bauch zu haben. Und Schmerzen dabei. Hmmm, das reicht, alle haben verstanden. Das war gar nicht böse gemeint, man kann doch Angst um uns alle haben, nicht wahr?**

Über den Autor:
# Wer ich bin...

**KAREL MACHALA** (Dipl. Ing., *1967), Buchautor und
Übersetzer, vorher langjähriger Journalist. Volkswirtschaftler
(offiziele Ausbildung) mit breitgestreuten Interessen, die sich
von Weltgeschehen und Wirtschaft übers Sprachlernen und
komparative Linguistik, Nahrung und natürliche Gesundheit
bis zur Geschichte, Ahnenforschung und genetischer
Genealogie spannen.  Ich spreche Tschechisch
(Muttersprache), Deutsch, Englisch, Slowakisch und mehr
oder weniger verstehe ich von weiteren rund 15 diversen
Sprachen.

Meine ersten drei Bücher erchienen bisher nur auf Tschechisch
bei ANAG-Verlag: **Fermentiertes Gemüse für Gesundheit
und Vitalität, Genies an der Schwelle der neuen Medizin**
und **Wer sind wir und woher kommen wir? Ungeahnte
Zusammenhänge der Ahnenforschung**. Außerdem habe ich
vor allem in rund 20 Zeitungen und Zeitschriften vor allem in
Tschechien Tausende Artikel publiziert, Thema der meisten
war Wirtschaft und Finanzen, Politik, Ernährung und
Gesundheit, Ahnenforschung.
Ich übersetze regelmäßig Fachtexte aus der Wirtschaft,
Medizin, Nahrung, Ahnenforschung.
Bin verheiratet, habe 2 Kinder (Zwillinge) und die Familie lebt
in Südmähren, Tschechien.

**Kontakt:** karel.machala@gmx.net

# ...und warum Sie mir überhaupt glauben sollten?

* Ich lese regelmäßig in mehr als **10 Sprachen** und kann gut vergleichen, was, wo und wie **berichtet und nicht berichtet** wird, und wie das mit der Wirklichkeit im Einklang steht.

* **Manipulationen** erkenne ich früh, da ich nicht nur in Demokratien, sondern auch in Diktaturen gelebt habe, und besonders die zweitgenannten gaben mir eine gute Impfung, die mir es ermöglicht, nicht leicht manipulierbar zu sein und Manipulationen schnell zu erkennen.

* Ich **bereiste** bisher 40 Staaten auf 4 Kontinenten

* habe diverse **Medien von innen und außen** kennengelernt, bin jedoch **unabhängiger Autor**

* **meine Weltanschauung** kann mit diesen Schwerpunkten beschrieben werden:

**Freiheit** ist lebenswichtig und schafft Prosperität. Sie ist nur dann wirkliche Freiheit, wenn diese auf allen Ebenen gilt: Meinungsfreiheit, Medienfreiheit, Freiheit der wirtschaftlichen Tätigkeit, persönliche Freiheit, Religionsfreiheit, schlanker effizienter Staat, schlankes und transparentes Recht, das jeder verstehen kann, Rechtsstaat, wo Gesetze für alle gleich gelten.

**Traditionelle Werte** sollten Vorrang haben - Familie und Kinder sind wichtig für Menschen und auch für die Gesellschaft, andere Lebensweise ist in Ordnung und jeder wählt sie selbst, sie soll jedoch nicht auf Kosten der Familien finanziell durch Staatszwang unterstützt werden – Familie ist nicht nur ein Glück, sie muss sich auch lohnen, damit wir nicht aussterben oder von anderen Kulturen ersetzt werden. WIR ALLE HABEN MILLIONEN VORFAHREN. WIR SIND ALLE ERGEBNIS VON TAUSENDEN VON MIGRATIONEN DER TIEFEN VERGANGENHEIT. DAS HEISST IN KEINEM FALL, DASS ES IRGENDWIE PFLICHT IST, EIGENE KULTUR STUFENWEISE ABBAUEN ZU LASSEN, ZUGUNSTEN EINER ANDEREN.

**Migration** soll immer nur nach Gesetzen (nie illegal) und **mäßig** erfolgen, da große schnelle Umvolkungen in der Geschichte fast nie friedlich waren.

Durch Migration anderen zu helfen ist am wenigsten wirksam und ungerecht selektiv. **Frieden** ist wichtig, die Gesellschaft muss auch imstande sein, sich und ihre **Kultur, Demokratie und Freiheiten zu wehren.** Direkte Demokratie Schweizer und Liechtensteiner Art funktioniert besser als alle anderen, die in der Praxis existieren. Mindestens **Volksveto** sollte überall gelten, um die verrücktesten Manipulationen und/oder Schritte der Politiker berichtigen zu können. Gesetze brauchen durchgeforstet werden, um transparent und verständlich für den Normalbürger zu sein, sonst ersticken wir in **Millionen Vorschriften**, die nicht nur niemand einhalten kann, sondern auch die Juristen nie imstande sein können, alle Gesetze zu lesen. **Gesetzesdschungel ist Gefahr Nummer 1 für gleiche Rechte, Freiheit und Demokratie.**

# Literatur- und Quellenverzeichnis


**Why Nations Fail: The Origins of Power, Prosperity and Poverty** (Daron Acemoglu, James Robinson, Profile Books, 2012)

**Ökonom H. W. Sinn: „Eine Regierung darf sich nicht unter Hinweis auf humanitäre Gründe über Recht hinwegsetzen"** https://www.epochtimes.de/politik/deutschland/oekonom-h-w-sinn-eine-regierung-darf-sich-nicht-unter-hinweis-auf-humanitaere-gruende-ueber-recht-hinwegsetzen-a2260929.html?meistgelesen=1

**Immigration, World Poverty and Gumballs,** Roy Beck, NumbersUSA, Youtube Video: https://www.youtube.com/watch?v=LPjzfGChGlE

**EuGH: Die Migranten reisten illegal ein – aber macht nix** https://www.tichyseinblick.de/daili-es-sentials/eugh-die-migranten-reisten-illegal-ein-aber-macht-nix/

**Our World in Data – War and Peace:** https://ourworldindata.org/war-and-peace/

**Die „Flüchtlingskrise" in den Medien** (Michael Haller): https://www.otto-brenner-stiftung.de/otto-brenner-stiftung/aktuelles/die-fluchtlingskrise-in-den-medien.html

**The Future of Europe: Comparing Public and Elite Attitudes** (Volksbefragung): https://www.chathamhouse.org/publication/future-europe-comparing-public-and-elite-attitudes

**Violent crime in Sweden is soaring. When will politicians act? Shootings, hand-grenade attacks and gang warfare have made some city areas no-go zones.** (Paulina Neuding, The Spectator)
https://www.spectator.co.uk/2018/02/violent-crime-in-sweden-is-soaring-when-will-politicians-act

**SPIEGEL Interview with African Economics Expert "For God's Sake, Please Stop the Aid!"**
http://www.spiegel.de/international/spiegel/spiegel-interview-with-african-economics-expert-for-god-s-sake-please-stop-the-aid-a-363663.html

**Assistant Professor at Malmö University criticized multiculturalism, promptly fired:**
https://swedishsurveyor.wordpress.com/2015/07/03/assistant-professor-at-malmo-university-criticised-multiculturalism-promptly-fired

*Völkerwanderung* (Barbara Coudenhove-Kalergi, Der Standard, Kolumne)
http://www.derstandard.at/2000010102927/Eine-Voelkerwanderung

*Die Neue Völkerwanderung: Prophetie oder Insiderwissen?*
http://www.epochtimes.de/politik/welt/die-neue-voelkerwanderung-prophetie-oder-insiderwissen-a2190425.html

**Globale Planung der Massenmigration** (H. W. Ludwig)
https://fassadenkratzer.wordpress.com/2016/04/02/globale-planung-der-massenmigration/

**Europe: Jihadists exploit welfare benefits** (Soeren Kern)
https://www.gatestoneinstitute.org/10916/jihadist-welfare-benefits

**How migration in Sweden failed** (TVNWOO), Youtube Video: https://www.youtube.com/watch?v=Q0lkUX7A0Ms

**Europe: Combatting Fake News** (No-go zones, Fjordman) https://www.gatestoneinstitute.org/10037/no-go-zones-europe

**Swedish city to offer returning ISIS fighters housing and benefits in reintegration programme** (Lizzie Dearden) http://www.independent.co.uk/news/world/europe/sweden-isis-fighters-city-lund-returning-jihadis-housing-job-education-benefits-reintegration-a7371266.html

**GEZ für die Kühe: Landwirt zahlt Rundfunkbeitrag für Stall ohne Stromanschluss** (rf, Epoch Times) http://www.epochtimes.de/politik/deutschland/gez-fuer-die-kuehe-landwirt-zahlt-rundfunkbeitrag-fuer-stall-ohne-stromanschluss-a2097879.html

www.ingramcontent.com/pod-product-compliance
Lightning Source LLC
Chambersburg PA
CBHW070117260726
48658CB00001B/146